AF350086

EL CAÑO MÁS BELLO DEL MUNDO

EL CAÑO MÁS BELLO DEL MUNDO

Diego Tomasi

HOJAS DEL SUR

Buenos Aires

www.hojasdelsur.com

El caño más bello del mundo
Diego Tomasi

2a edición

Editorial Hojas del Sur S.A.
Albarellos 3016
Buenos Aires, C1419FSU, Argentina
e-mail: info@hojasdelsur.com
www.hojasdelsur.com

ISBN 978-987-1882-30-4

Dirección editorial: Andrés Mego
Edición: Paola Adler
Ilustración de portada: Marcelo Neira
Diseño de portada e interior: AADG Studio

Tomasi, Diego
    El caño más bello del mundo. 2a ed. - Ciudad Autónoma de Buenos Aires :
Hojas del Sur, 2018.
    256 p. ; 14x21 cm.

    ISBN 978-987-1882-30-4
    1. Riquelme, Juan Román. Biografía. I. Título
    CDD 927

A Nico

Prólogo a la segunda edición

Es enero de 2015 y el micro que me va a traer desde Mar del Plata está a punto de salir. Es de noche. Estuve ahí para presentar *El caño más bello del mundo*. Recibo un mensaje con la noticia. Pero no la creo, así que busco en internet. Prendo la radio. Es verdad. Juan Román Riquelme acaba de decir: "he tomado la decisión de no jugar más al fútbol". Lo pronuncia así, en ese pretérito perfecto que ya es un sello.

Después no hay nada. Un viaje sin dormir y un llanto pesado, agotador.

El tiempo se amontona, se hace un barullo informe. Y ahora es octubre de 2018.

Pasaron cuatro años desde la primera edición de este libro. En ese momento Riquelme era un jugador profesional que le había prometido a su hermano jugar hasta los cuarenta. En este tiempo se convirtió, probablemente, en el mejor analista que tiene el fútbol argentino. Habla poco, cada tanto. Pero cuando lo hace logra eso que tanto se extraña en gran parte de las transmisiones deportivas: el análisis del juego. La capacidad para poner en palabras por qué y cómo suceden las cosas dentro de una cancha.

Ante la inminencia de esta nueva edición decidí conservar algo del espíritu de ese momento. Corregir palabras, frases, pero dejar el libro como era. Con las marcas del presente de su escritura.

Porque estas líneas son una actualización, pero también una declaración de principios. No es que estemos, todavía, en 2014. Es que, aunque estemos en 2018, Juan Román Riquelme sigue jugando al fútbol.

D.T.

Buenos Aires, octubre de 2018

Prólogo a la primera edición

En la escuela había un montón de pibes que jugaban bien a la pelota. Algunos gambeteaban con facilidad. Otros eran muy rápidos, o muy fuertes, o marcaban con destreza. Algunos hacían muchos goles. O se esforzaban más allá de sus posibilidades. Pero había uno que se distinguía. Se llamaba Cristian Leandro Bustos. Era rubio, bastante alto, y no estudiaba mucho. Era gracioso en clase, algo cruel con sus chistes, y muy popular entre las chicas. Pero nada de todo eso lo definía. Lo que lo definía era lo que hacía dentro de la cancha.

Ya a los diez años (y eso no iba a cambiar hasta terminar el colegio secundario) parecía haber comprendido el juego en su totalidad. La pelota lo buscaba siempre a él, estaba siempre bien ubicado, y se desplazaba con facilidad por cualquier lugar de la cancha. A veces jugaba de volante central. A veces, más cerca del área contraria, como un número diez. Y a veces se quedaba en el fondo, de líbero, y desde ahí distribuía el juego.

Los partidos no eran fáciles. A veces duraban diez minutos antes de entrar a clase, en invierno. Los pibes corrían con el pulóver encima del guardapolvo. Se jugaba, también, en los cinco minutos de recreo. O en las clases de educación física. De tanto en tanto había veinte jugadores en una canchita para, por lo menos, la mitad. A veces, en la cancha de nueve contra nueve, eran seis contra siete. Y siempre, siempre, había uno que se destacaba en ese revoltijo. Jamás perdía la paciencia, gambeteaba (y lo bien que lo hacía) cuando era necesario, daba pases cortos cuando le parecía la mejor decisión. Cuando quedaba frente al arco resultaba extraño verlo fallar. Los que jugaban con (y contra) él no podían dejar de admirarlo. Pasaba la pelota con elegancia, y siempre a favor de las virtudes de sus compañeros. Ahí estaba el centro de toda la cuestión. Cristian Bustos pasaba la pelota como nadie, pero además iba a buscar la pared y se ofrecía como descarga. En su infinita sabiduría, ese chico de once o doce años sabía que tenía la capacidad para hacer mejores a los demás. Y no se guardaba nada. Jugar con él significaba jugar mejor.

Si ese niño (ese adolescente) leyera ahora estas páginas, podría entender por qué la necesidad de escribir un libro sobre Juan Román Riquelme.

Es este un libro sobre fútbol. Sobre ese juego llamado fútbol. Es un intento por comprender el modo en que un niño llegó a convertirse en un jugador, y la manera en que ese jugador se convirtió en un libro. Porque Riquelme es un libro de fútbol.

Este trabajo es, además, un manifiesto a favor de la posibilidad de disfrutar de la belleza del juego, y a favor de la idea de que esa belleza es el mejor camino para ganar. Se trata, en algún punto, de una búsqueda por rescatar el valor del juego como actividad inherente al desarrollo humano. Como una actividad que hace que un niño sobreviva dentro de nosotros, siempre. En su tesis de doctorado (*El deporte como juego: un análisis cultural*), el académico español Jesús Paredes Ortiz escribió: "El juego se mueve en el mundo de la fantasía, una realidad más o menos mágica, y, por consiguiente, más o menos relacionada con la vida cotidiana. Jugar, divertirse, aprenderse, son modos verbales inherentes a la singladura humana, consustanciales a la vida de cualquier colectivo social y cultural. La simplicidad de la acción de jugar es absolutamente universal, plural, heterogénea, flexible y tan ambivalente como necesaria. Sin embargo su gratuidad, su autotelismo, así como todas las virtudes esenciales que la caracterizan, la han emplazado como actividades poco importantes, complementarias, no serias, improductivas, que unas veces se asocian a una pérdida de tiempo, otras al vicio o pecado, y en muchas ocasiones se ven como insignificantes".

Juan Román Riquelme representa (y le pone cuerpo) a una manera particular de vivir el fútbol. Hay un pensamiento, una manera de mirar el mundo, que define el modo en que un jugador debe comportarse en el campo de juego. Ese pensamiento es más futbolero que futbolístico. La diferencia radica en que lo futbolístico es una categoría solemne. Futbolista es quien trabaja de jugar al fútbol. Pero lo futbolero es algo diferente. Es el fútbol como puro juego. El juego como algo sumamente serio, pero un juego.

En una entrevista que dio en la librería El Juglar, de México, en 1983, el escritor argentino Julio Cortázar dijo: "Cuando yo hablo de juego hablo siempre muy en serio del juego. Como hablan los niños. Porque para los niños el juego es una cosa muy seria. No hay más que pensar en cuando éramos niños y jugábamos. Los que nos parecían triviales eran los grandes, cuando venían a interrumpirnos. Nuestro juego era lo importante. Y la literatura es también así". Y luego siguió: "El juego es una cosa tan importante, tan esencial en los rasgos biológicos de los seres vivientes, que en los animales los juegos son muy frecuentes. Y cuanto más evolucionados son, más se acercan a nuestros juegos. Es muy hermoso ver cómo juega un gato, cómo juega un perro, cómo incluso juegan los caballos jóvenes. El juego es algo que está integrado a la esencia de la vida, no solo de la vida humana. Ahora, nosotros, naturalmente, tenemos la posibilidad de crear juegos, de racionalizarlos, de complicarlos, y por ahí los convertimos en sinfonías, en poemas, en cuadros o en novelas". O en pases. O en goles.

A menudo los aspectos ajenos al terreno de juego han influido de manera exagerada en el análisis sobre el modo de desempeñarse de Riquelme. Es lógico. Hay prácticas profesionales que se interesan más por las palabras que por los hechos. Pero él, sin embargo, ha hablado siempre dentro de ese rectángulo verde. Ha aprendido a manejarse con inteligencia fuera de la cancha, pero su inteligencia máxima está allí, en el campo. Ha entendido el juego como pocos, y ha sabido transmitirle a sus piernas lo que pasó, en cada momento, por su cabeza.

El caño más bello del mundo parte de una premisa, o, tal vez, una hipótesis: la existencia de una filosofía futbolera de Juan Román Riquelme. En todo caso, si la palabra filosofía, aun en su acepción más llana, más mundana, resultare demasiado grande para algo tan pueril como un juego con pelota, la premisa seguiría viva: existe un pensamiento futbolero de Riquelme. Como le podría haber gustado al poeta chileno Eduardo Anguita, a Riquelme le atrae, más que ninguna otra cosa, *La belleza de pensar*. El desafío de este trabajo es intentar dilucidar cuáles son los valores éticos, estéticos, deportivos e ideológicos que gobiernan ese pensamiento.

La pregunta, en este punto, es ¿por qué Riquelme? Tal vez una buena respuesta, para empezar, esté en esas palabras que Jorge Valdano dijo a Ariel Scher para el libro *La pasión según Valdano*: "Elige los caminos despejados, los tiempos justos, el pase para el perfil que más le conviene a sus compañeros, las velocidades de cada zona del campo que pisa... da gusto ver a un jugador de su inteligencia, porque parece que su cerebro guarda la memoria del fútbol de todos los tiempos (...). Es un jugador de cuando la vida era lenta y sacábamos la silla a la calle para hablar con los vecinos. Hay algo de pedagógico en el juego de Riquelme, como si cada vez que entrara en contacto con el balón, el juego se detuviera; como si Riquelme conociese las verdades olvidadas del fútbol". En las frases de Valdano están guardados muchos de los temas que van a desarrollarse en este libro. El conocimiento del juego, la capacidad para manejar los tiempos, la voluntad por hacer mejores a los compañeros, la belleza intrínseca del deporte.

Además de estar unido por la idea de que existe un pensamiento, unas ideas que rigen el juego de Riquelme, aquí se discute acerca de qué significado tiene el rol del número diez en el fútbol actual (y pasado); cuál es la herencia futbolera que recibió Riquelme, y qué circunstancias hacen que a menudo se lo llame *el último diez*; cuál es la importancia de la velocidad física (y cuál la de la mental) en la práctica del fútbol; cuáles son los puentes entre el fútbol y otros deportes; y qué futuro tenemos ahora que Riquelme ya no juega. Todos estos aspectos son estudiados en virtud de las diferentes etapas de la carrera de Riquelme, y de las características particulares que lo convierten en el jugador que es.

El libro existe gracias a la generosidad de personas que prestaron su tiempo y su pensamiento para reflexionar sobre el juego. Sin ellas y ellos, este libro no podría haber sido posible. Cada vez que se mencionen sus palabras sin citar la fuente, es porque esas palabras han sido pronunciadas en diálogo directo con el autor. Son escritores, músicos, filósofos, científicos, docentes. Periodistas, jugadores y entrenadores relacionados con el fútbol, pero también con el hockey, el voleibol, el básquet, el boxeo y el tenis. Sus palabras llegan desde Argentina, España, Colombia y Estados Unidos. Son, todos, pensadores profundos sobre el juego.

En orden alfabético, se trata de Pablo Aimar, Lucas Álvarez, Rodolfo Arruabarrena, Carlos Balcaza, José Horacio Basualdo, Jorge Bermúdez, Ricardo Bochini, Javier Brizuela, Ángel Cappa, Rubén Capria, Rodolfo Chisleanschi, Alejandro Dolina, Antonio García Ameijenda, Juan Manuel Herbella, Carlos Irusta, Martín Kohan, Robert Levine, Matías Manna, Diego Markic, Roberto Martínez, Víctor Hugo Morales, Mauro Navas, Horacio Pagani, Ravi Ramineni, Mónica Santino, Juan Sasturain, Ariel Scher, Fernando Signorini,

Sandra Suárez, Nicolás Uriarte, Martín Vassallo Argüello, Sergio Vigil.

Además, han brindado su tiempo y su generosidad Ale Dolina, Martín Dolina, Pablo Fuentes y Alejandro Gómez. Sus palabras están, de variadas maneras, en el espíritu de este trabajo.

Finalmente, *El caño más bello del mundo* esconde un tesoro. Son palabras del artista Indio Solari, escritas especialmente para estas páginas. Resulta un gran honor (un honor lleno de felicidad y gratitud) contar con su pensamiento.

En una entrevista concedida al sitio de Internet de FIFA, en 2011, Juan Román Riquelme dijo: "La pelota me lo ha dado todo. Así como las muñecas son lo más lindo para las nenas, para mí la pelota ha sido el juguete más hermoso que pudo existir. El que la inventó es un verdadero ídolo, el más grande de todos".

Se dice por ahí que la primera pelota de cuero se inventó en la China, en el siglo IV antes de Cristo. Lo mal que hicieron. Si la hubieran inventado dos mil cuatrocientos años después, habrían podido ver jugar a la persona que se tomó más en serio, en un campo de juego, el trato a ese juguete.

Diego Tomasi
Buenos Aires, septiembre de 2014

1

El lugar en el campo, el rol en el juego

¿Vos de qué jugás?

De enganche.

El diálogo puede ocurrir en una plaza cualquiera de un barrio de Buenos Aires. Quien pregunta puede tener unos cuarenta o cincuenta años. Da igual. Quien responde, tal vez once o doce. La respuesta no es casual. En Argentina, desde hace algunos años, la palabra enganche es usada por los comentaristas todos los días, en todos los partidos, para denominar al viejo y querido número diez. Se utilizan como sinónimos. Así, el diez y el enganche se convierten en aquel jugador que conecta a los mediocampistas con los delanteros. En el Mundial de Brasil 2014, la selección local jugó sin enganche. Por momentos, Neymar se involucró en la tarea de conectar con los otros atacantes. Pero cabe preguntarse si eso implica que haya jugado de número diez. Lo mismo puede pensarse sobre Messi y su participación en el equipo argentino. Manuel Lanzini fue hasta mediados de 2014 el enganche de River Plate. Es un jugador veloz, gambeteador, que casi no organiza el juego sino que busca definir por sus propias características. En el San Lorenzo que fue campeón de América, Ignacio Piatti alimentaba a los atacantes desde el costado izquierdo, donde a menudo recibía el balón que ya había distribuido alguno de los dos volantes centrales, Néstor Ortigoza y Juan Mercier. Leandro Romagnoli, con la diez en la espalda, jugaba en ese equipo por el lado derecho, o libre. Y así se conectaba con los atacantes.

En Boca Juniors, el diez ha sido, durante muchos años, Juan Román Riquelme. Pero, ¿es Riquelme un enganche? ¿El lugar que ocupa en el campo alcanza para definir su rol en el juego?

El escritor y músico Alejandro Dolina reflexiona: "Hay una función que es la de conductor, que no es una posición en la cancha. Es una condición del juego, que se puede ejercer desde distintas posiciones. Desde luego, la mejor es por el medio, donde está el juego más congestionado, para sacarlo de ahí y tornarlo en ataque. Pero no todos los diez son conductores. Y algunos son muy buenos, como Pablo Aimar, por ejemplo. Tiene mucha gambeta, y despeja mucho el camino porque él mismo rompe. Pero no usa un tipo de economía de movimientos ni es que tenga dibujada la cancha y el esquema de su equipo en la cabeza. Eso no lo tiene Aimar, que es un jugador excelente, pero sí lo tiene Riquelme. Totalmente lo tiene".

El entrenador Ángel Cappa da su punto de vista: "Los antiguos, los que primero empezaron a ponerle conceptos al juego, Peucelle como el ejemplo más notable, calificaban al rol de Riquelme como el de un estratega. Y no encuentro nada mejor para definirlo. Un jugador que, desde una correcta lectura de lo que va pasando en un partido, va construyendo un plan, una estrategia, para superar al adversario. La palabra 'enganche' viene a decir lo mismo con menos exactitud. Es que el diez en el fútbol argentino era el estratega por excelencia. Bochini fue el mejor exponente. Un tipo que disfruta más armando el juego y dando pases de gol que haciendo goles. Riquelme es de esos jugadores que le dan mucha más importancia al juego, a hacerlo bien, a elegir bien las jugadas (para mí eso es el talento) que a la definición, que la dejan para otros".

El escritor y periodista Ariel Scher comenta: "Desde la semántica, las palabras viven y se transforman, y está el riesgo de que uno tenga un prejuicio sobre la palabra enganche, porque es nueva y designa menos cosas que las que designaba un diez clásico. Parece que fuera una palabra funcionalista. Hace asociaciones de una parte con otra. En ese sentido, puede no abarcar todo. Pero, por otro lado, es un articulador de juego. Y si logra enganchar en un fútbol que está tan desenganchado, ya está bien". En el libro *La pasión según Valdano*, Ariel Scher le pregunta a su entrevistado si se acerca el fin de los números diez. Valdano responde: "No se acabaron, pero malviven (...). Sigue siendo un enigma que muchos entrenadores subestimen o penalicen la creatividad del viejo número diez que tienen en su equipo y se inquieten tanto por el diez del rival. Una prueba más de que el dueño de todas las tendencias es el miedo".

Rodolfo Chisleanschi, periodista y entrenador argentino que ha vivido en España más de veinte años, analiza: "Para mí Riquelme es conductor más que ninguna otra cosa. La palabra que busquemos para definirlo es una cuestión puramente semántica. Enganche indica una posición intermedia entre el mediocampo y la delantera, el jugador que canaliza el juego ofensivo del equipo para dar el pase definitivo, el que genera la jugada del gol, más allá que de vez en cuando pueda pisar el área y marcar sus propios goles. Creo que Román excedió siempre esa función, porque salvo en el Barcelona, su presencia en los equipos donde estuvo marcó la pauta de cómo jugaban esos equipos, por características puramente futbolísticas, pero también por personalidad y ascendiente sobre los demás. Por eso, para mí 'enganche' se queda corto. Mejor, 'conductor'".

Para Rubén Capria, que mientras fue futbolista tuvo un rol muy similar al que suele asumir Riquelme en el campo, "Román tiene un sexto sentido, entiende casi todo lo que hay que hacer todo el tiempo, y tiene una condición que es la visión del juego como si estuviera en la segunda bandeja de la platea". Y sigue: "Tiene una visión periférica superior a la del futbolista normal. Esa es una gran ventaja, y es una condición entrenable pero sobre todo genética, o del talento propio de un futbolista tocado por una varita, como es él".

La función de Riquelme en la cancha, entonces, es la de un conductor, un organizador de juego. Tal vez resulte insuficiente decir que es un enganche. Pero, en definitiva, ¿cuáles son las características que debe tener un buen conductor?

En el primer párrafo de su libro *Me gusta el fútbol*, Johan Cruyff escribió: "El fútbol consiste básicamente en dos cosas. Primera: cuando tienes la pelota, debes ser capaz de pasarla correctamente. Segunda: cuando te pasan la pelota, debes tener la capacidad de controlarla. Si no la controlas, tampoco puedes pasarla". Y luego agrega: "Si, por las razones que sean, no puedes controlar una pelota que te llega en determinada posición o a según qué velocidad, no podrás empezar siquiera a desarrollar tu juego, así que tanto el rendimiento colectivo como el espectáculo se resentirán. Por desgracia, estas cosas se trabajan cada vez menos en los entrenamientos y en el fútbol teórico debido a varios factores educativos, sociales o simplemente de mentalización. A mi modo de ver, jugar bien consiste en ejecutar correctamente todos los movimientos".

Alejandro Dolina coincide con esa argumentación, y suma conceptos: "Román Riquelme tiene un conocimiento cabal de los mecanismos del juego, que le permiten incluso anticipar lo que va a ocurrir. Estos mecanismos podrían, si uno tuviera ganas, escribirse puntual y prolijamente. Básicamente, el centro de la cuestión es el pase y el control del pase. El control, para recibir el pase que te dan. Y la precisión en la pegada, pero, más todavía, la visión estratégica para saber dónde y cuándo debería ir el pase, para entregarlo. Parece fácil. 'La recibo bien y la paso bien'. Pero, ¿qué es pasarla bien? No siempre es solo dársela a alguien con la misma camiseta. Hay algo más que eso. ¿Cuándo se la das? ¿Dónde se la das? ¿Con qué potencia le pegás? ¿En qué lugar se encuentra el jugador con la pelota? ¿Qué efecto negativo para el contrario produce el encuentro de tu compañero con la pelota? Porque, evidentemente, una cosa es dar un pase atrás, que a veces hay que darlo, para ver si es deseable seguir teniendo la pelota. Pero, ¿cuándo hay que tomar el riesgo de darlo hacia adelante? ¿En qué momento exacto? ¿Cómo le pegás a la pelota? Y, además, otra cuestión es qué elementos de distracción utilizás para que el contrario resulte herido, en sorpresa, por ese pase".

En su libro *Fútbol. Dinámica de lo impensado*, escrito en 1967, Dante Panzeri diseñó un listado de características que debía tener un buen jugador de fútbol. Ubicó cada cualidad en orden de importancia. El primer lugar lo asignó al jugador que domina bien la pelota, "punto siempre básico para jugar al fútbol; los otros son complementarios". En segundo lugar, "el dominador de pelota con altruismo para poner su calidad al servicio de otros diez y no solamente de sí mismo". En tercer lugar, "el dominador de pelota que comprende la necesidad de vivir permanentemente depurando lo que nunca termina de saberse".

Para Sandra Suárez, periodista colombiana, "Juan Román es la cabeza del campo de juego. Pareciera –dice– que se sabe de memoria todas las jugadas existentes y posibles del fútbol, milímetro a milímetro, y que debido a eso se dedica a pensar qué hacer antes que todos".

Con frecuencia se piensa que todas esas definiciones del número diez, del conductor, son casi obsoletas. Como si ya no hubiera en los campos jugadores como los que deberían representar esos valores. Y Juan Román Riquelme, con mayor insistencia que cualquier otro jugador, es denominado como el último de esa jerarquía. El último diez. El periodista Roberto Martínez, autor del libro *Barçargentinos*, opina: "Riquelme es el último diez porque encarna la figura del enganche clásico, puesto que ha desaparecido en el fútbol. Él en Sudamérica, y Andrea Pirlo en Europa, son sus últimos exponentes. Artistas cuya clase es inmortal. Hoy es el enganche. Pronto –salvo, quizá, en Brasil– van a desaparecer los laterales especialistas. El diez como lo conocemos es genial, decisivo, elegante. Confidente y amigo íntimo de la pelota. No le interesa la discusión para adueñarse de ella, sino el diálogo con el balón. Pero también el diez es discontinuo, porque el talento aparece en momentos puntuales. No es como el sudor y el esfuerzo, que están llamados a ser la rutina del fútbol". Y completa la argumentación con una figura: "Si comiéramos todos los días una mariscada de lujo, el manjar perdería el encanto porque se transformaría en costumbre. El talentoso, en el fútbol, es como esa mariscada. Concreto, divino, excelso. Nada que ver con la sopa de portentos físicos chocadores y ausencia de pausa que nos propone el juego en Argentina hoy en día. Román es el último diez porque se basa en la pelota. Sin ella pierde peso y su influencia se reduce solo a ayudar a sus compañeros a ordenarse en la cancha, ya que no siente la necesidad de correr detrás de los jugadores contrarios para recuperarla. Alguien dijo alguna vez 'al buen jugador, la pelota le viene'. Parece una frase pensada para Román Riquelme. Fue así siempre, y a esta altura de su vida no va a cambiar. Más, cuando está convencido desde que tenía dieciséis años de que su juego marcará diferencias en un momento dado sin la obligación de correr como un poseso".

Sandra Suárez comparte la argumentación, y agrega: "Entiendo que el enganche corre hacia todos los lados de la cancha, busca la pelota, crea situaciones de juego, también habilita y debe moverse cuando no tenga el balón. Ese es Juan Román. Mucha gente pensará que el enganche es el que se queda parado en la mitad de la cancha esperando a que le lluevan los balones. Si ese es el concepto y se lo atribuyen a Riquelme, me parece un poco errado. El juego actual va de la mano con la fuerza, la velocidad, y se me hace que Riquelme no va con eso, porque lo de él es más orgánico, más natural. Sabe jugar con la pelota. Eso se ha perdido en el fútbol, pues ya todo está un poco más calculado. Quizás por eso es el último diez".

Pablo Aimar, que juega de diez y ha compartido campo con Riquelme, arriesga una opinión en otro sentido: "Para mí Román no es el último diez, porque hay muchísimos jugadores con muchísima clase jugando en el mundo. Y en algunos equipos hasta juegan dos o tres. Yo creo que en el gran Barcelona de estos tiempos, tanto Iniesta como Messi y Xavi son números diez. Los tres están involucrados en la creación, en elaborar el juego. Más creatividad que en ese equipo yo no he visto ninguno. Hay otros entrenadores que no se animan a poner tres jugadores así juntos, porque piensan que se van a desequilibrar. El equilibrio es una palabra que al fútbol, en mi opinión, lo ha jodido un poco. Pero por suerte todavía hay equipos que agarran a tres o cinco o diez jugadores que juegan bien y les dicen '¿quieren jugar juntos? Lo que tienen que hacer es tal y tal cosa'".

El periodista Horacio Pagani, en cambio, sí adhiere a la idea de que los jugadores como Riquelme se están terminando. Dice: "Riquelme es el último representante de una especie que está en vías de extinción, que es la de organizador de juego, o armador de juego. El enganche, como se le dice, pero enganche casi es un diminutivo. Porque enganche puede ser cualquiera, uno que juega un poquito más atrás que los delanteros. Puede ser media punta, enganche. Román es el último exponente de organizador de juego. Un organizador de juego que en Argentina no hay más. Ni siquiera lo era Verón, porque Verón tenía otras características. El *Pipi* Leandro Romagnoli es otro sobreviviente, pero sin la visión cosmográfica que tiene Román. Román tiene una visión cosmográfica de todo el campo. Es un tipo que tiene el juego en la cabeza. No hay que fijarse en las jugadas espectaculares, esas en las que pone la pelota de gol para un tipo, sino en las simples, cuando él distrae la pelota. Siempre hace una cosa que tiene que ver con una actitud inteligente de juego. Él tiene la disposición del equipo en la cabeza".

En la opinión de Rodolfo Chisleanschi, Riquelme no es el *último diez*: "No todos los diez de la historia fueron iguales. El juego de Bochini y Zidane tiene poco en común, y sin embargo nadie duda en calificarlos como grandes diez, porque sí hay factores comunes a todos ellos, básicamente el talento y, para mí, el factor clave: el conocimiento del juego. No todos los jugadores de fútbol saben jugar ni entienden el juego. Y ahí van incluidos muchos de los más grandes. Por ejemplo Rivaldo, un 'diez moderno' más delantero tirado atrás que conductor, no entendía el juego. Resolvía todo a partir de un talento descomunal, pero sin entenderlo. El mejor Ronaldinho también transitaba por la misma línea".

Chisleanschi propone un método para advertir cuáles son los jugadores talentosos que, además, saben. Explica: "Hay dos opciones. Cuando está en su apogeo hay que congelar la mirada en el momento en que toma cada decisión: meter el pase, gambetear, tirar al arco, tirar un centro. Siempre, siempre, cada jugada tiene una teórica solución ideal, y varias otras menos ideales (digamos A, B, C...). El que sabe toma la decisión A en la mayoría de los casos; en los que saben menos los porcentajes de decisiones A van bajando. ¿Qué pasa con los genios? Que cuando toman la decisión B, C o D la ejecutan maravillosamente, y hacen jugadas estratosféricas que pasan a la historia. Maradona, por ejemplo, tendría que haber abierto la pelota a la izquierda en el segundo gol contra los ingleses. Esa era la solución A; con esto no digo que Diego no supiera jugar, es solo un ejemplo que conocemos todos. La segunda opción es esperar a que pierdan la explosividad que los hace diferentes. Si siguen siendo grandes (Bochini, Laudrup, Zidane y por supuesto Pelé y Diego) es que además sabían. Si no, es que no sabían tanto. Hoy, los futbolistas que sepan jugar escasean, en Argentina y en casi todo el mundo. Y que además tengan la personalidad suficiente como para sobreponerse a influencias de entrenadores del siglo XXI, modas y tácticas que van en contra de su manera de sentir el fútbol, todavía muchísimo menos. Quizás por eso se diga que Riquelme sea 'el último'. Aunque yo no estoy muy de acuerdo. Lo que ocurre es que ahora hay diez que las tácticas actuales sitúan en otros sectores del campo. Xavi, el del Barça, es diez, solo que parte de posiciones más retrasadas, igual que Gündogan, el del Borussia Dortmund. Hazard y Oscar, los del Chelsea, son diez, pero a uno lo hacen jugar sobre una banda y al otro le falta personalidad para imponer su estilo y entonces juega poco. Y lo mismo le pasa a Özil. Es un problema de táctica y de dinámica. Como se juega más veloz creemos que ya no hay diez en la línea Willington-Babington-Riquelme, tipos aparentemente lentos y con enorme visión táctica del juego. Para mí los sigue habiendo, solo que adaptados a los tiempos que corren".

El docente, médico y periodista Juan Manuel Herbella, que fue futbolista, detalla cuáles son las condiciones actuales que hacen que se piense en Riquelme como uno de los últimos jugadores con funciones de organizador. Para Herbella, no solo tiene que ver con características individuales, sino también con el clima de época y con la formación de los jugadores desde que son muy jóvenes. Dice: "El que quiera jugar de estratega no va a tener las características de Riquelme, porque esos jugadores no van a existir más. Hoy, un chico de veinte años difícilmente llegue a jugar en Primera, en esa posición, con las características de Riquelme. Antes ya lo dejarían libre. Difícilmente le podés pedir a un equipo de Primera División que surjan estas características cuando, en realidad, el paradigma ya ha cambiado y en divisiones inferiores no sacan ninguno así. Los entrenadores de inferiores son los que posibilitan lo que se ve o no en Primera. Ellos deciden si esperar a un jugador técnico, que es un madurador tardío porque fisiológicamente le llega el pico puberal más tarde. O deciden elegir un jugador porque saben que va a tener más altura y que lo van a poder poner en esa posición. En ese contexto, claro, Riquelme es el último de los que juegan así. Es el último estratega".

Antonio García Ameijenda fue una gloria de San Lorenzo. Jugó en Europa y en la Selección Argentina. Fue, además, ayudante de campo de Héctor Veira en el club de Boedo y en Boca. Y, sobre todas las cosas, fue un mediocampista con buen juego y criterio. Ahora, en una esquina cualquiera, analiza: "Pienso que Riquelme, de los últimos quince años, o más quizás, es uno de los mejores conductores de un equipo. Es un organizador, un preparador de juego. Es un director técnico dentro del campo de juego. Es un jugador al que no le quema la pelota, siempre se ubica bien, y siempre da la pelota redonda, como decíamos antes. Eso es mucho ya.

Hoy no se ve mucho. Hace treinta o cuarenta años se veían jugadores de buen pie, de talento, pero no de la conducción de Riquelme. No creo que haya muchos jugadores que uno diga que podrían haber jugado antes. Riquelme es uno de los pocos. Pero así y todo es mejor que muchos de los de aquellos tiempos".

García Ameijenda explica cómo las capacidades de Riquelme le permiten ser, de algún modo, un jugador total: "Él puede jugar de ocho, de diez, de delantero, porque sabe todo. Pero tiene que estar libre. Él siempre se ubica en un sector de la cancha donde va a recibir en libertad. Y ya tiene leída toda la jugada. Es una computadora. Eso habla muy bien de él, de su inteligencia para jugar. Antes de recibir ya leyó todos los movimientos de todos sus compañeros. Eso no se ve mucho ahora, y tampoco recuerdo alguien así antiguamente. Yo tuve la suerte de enfrentar a Cruyff, que uno lo veía y era un conductor. Pero él jugaba en una punta, en un costado, y un conductor tiene que estar en la parte central. Y desde ahí partir a los costados cuando el juego lo requiere. A Riquelme, si le das bien la pelota, te genera un lío bárbaro. El problema es que hay que dársela bien, al pie. Cuando él se mueve, se la tenés que dar. Y los compañeros tienen que saber que Riquelme los está mirando a todos. Porque él los mira a todos. Él mueve la cabeza y ya tiene todo el panorama. Ya vio quién entra por derecha, quién se tira a tocar en pared, todo. Él lee todo, y potencia a los compañeros. Pero hay que saber interpretarlo. Es muy inteligente para jugar, y para ordenar a los otros jugadores y armar los pasillos para que pueda generarse una pelota de gol".

Mónica Santino, que fue futbolista en All Boys y entrenadora del Seleccionado Nacional femenino de fútbol callejero, en la actualidad dirige el equipo de mujeres de la villa 31. Es, además, periodista deportiva. Y refuerza la idea de García Ameijenda: "Yo creo que futbolísticamente Riquelme es un gran compañero, realmente es un gran compañero, porque es un tipo que entiende el juego desde lo colectivo, y lo entiende mejor que nadie. Por eso da gusto verlo en la cancha, verlo caminar la cancha. Siempre va a estar parado donde más le convenga. Porque puede terminar jugando de cinco. Puede terminar jugando de ocho. O puede terminar jugando de diez, claro".

Riquelme no siempre fue número diez. O, si se quiere simplificar, no siempre jugó de enganche. En novena división de Argentinos Juniors no participaba mucho porque no había desarrollado del todo su físico. Cuando llegó a octava tampoco tenía lugar. Carlos Balcaza, que es entrenador de las divisiones inferiores de Argentinos Juniors desde hace cuarenta y cinco años, y que ha tenido en sus equipos a Diego Maradona, Claudio Borghi, Fernando Redondo y otros cientos de grandes jugadores, fue quien tomó la decisión para que Riquelme pudiera jugar más. Así lo cuenta: "A veces hay que ser paciente para ver los procesos de cada persona. En su momento vino el padre de Román y me pidió el pase. Me dijo 'Carlos, déme el pase así él puede ir a jugar a un lugar en el que se divierta, y que no esté siempre haciendo banco'. Le dije 'mire, Cacho, a mí me interesa como jugador. Se tiene que armar físicamente todavía, pero me interesa. Piénselo'. Vino a los pocos días y me dijo 'Carlos, se lo dejo'. Y yo le dije que no le aseguraba que Román fuera a jugar siempre. 'Tiene que trabajar y entrenar', le agregué. En los primeros partidos de octava no jugaba. Él siempre quería jugar de enganche, pero el enganche generalmente juega de espaldas. Él era demasiado chiquito, y lo movían muy fácilmente".

Y entonces, en una práctica, todo cambió. Cuenta Balcaza: "Se me ocurrió que tal vez era mejor que tuviera la cancha de frente. Y le dije 'Román, parate de número cinco'. Me acuerdo que jugábamos con Ferro. Me dice '¿de cinco, contra esos grandotes?'. Le dije 'sí, vos parate de cinco, agarrá la pelota, tratá de distribuirla, y no marques. Hacé zona. Hacé sombra. Me interesa que tengas la pelota y que juegues'. Por suerte, salió bien".

Riquelme empezó a jugar. Jugaba de cinco, con Cristian Ledesma, el *Lobo*, como número ocho. Así fue el año en octava división. Así fue el año en séptima. Juan Manuel Herbella, que jugaba en la categoría 1978 de Vélez Sarsfield, recuerda: "Yo jugaba de cinco, y Román Riquelme también. La categoría 1978 de Argentinos Juniors era un muy buen equipo, y muchos de ellos llegaron a jugar en primera. Estaba Emanuel *Suchard* Ruiz. Jugaba el *Lobo* Ledesma, y era otro tipo de juego. Era un 4-3-3 en el que el número diez jugaba por la izquierda al estilo Willington, o Babington, esos diez que tiraban la diagonal y se cerraban. Teníamos unos quince años y fue la primera vez que lo vi jugar a Riquelme. Lo recuerdo perfectamente porque te hacía goles desde cualquier lado. Es muy sencillo darte cuenta de chico de aquellos que tienen un nivel conceptual superior. Y que, además, lo pueden llevar a la práctica. Porque vos podés ser tácticamente muy inteligente pero después las piernas no te responden a lo que vos querés hacer. Riquelme era distinto, ya se veía".

Carlos Balcaza, como entrenador de divisiones inferiores, también advertía las cualidades de Riquelme: "Al pasar tanto tiempo con los juveniles a veces uno percibe pequeñas cosas que otros no. Lo que me llamaba la atención de Román, siendo él tan chiquito, aparte de la habilidad, que es un don natural, era que él estaba una milésima de segundo adelantado. Apenas recibía la pelota ya sabía dónde la iba a jugar. Y eso es muy difícil. Por supuesto, a medida que vas jugando, y conociendo a los compañeros, eso se va asentando más. Él tiene (y ya tenía) un panorama completo del juego. Sabe dónde tiene que salir, dónde tiene que ir a buscar, cuándo tiene que definir. Eso es un don natural que se va desarrollando a medida que va jugando".

Pablo Aimar agrega algunas nociones: "Román tiene mucha facilidad para elegir bien, que es lo más difícil a la hora de jugar al fútbol. Elegir al compañero mejor ubicado, o elegir si se tiene que quedar con la pelota o no. Y esa es una de las virtudes más grandes que tiene él. Elige muy bien. No son muchos los que pueden hacerlo. Además, desde el campo, él puede *ver* jugadas. Uno, mirándolo por tele, puede ver jugadas. Se escucha a un montón de personas decir 'tal jugador le tendría que haber pegado así'. El tema es que, además de saber que tendría que haberle pegado así, hay que tener las condiciones y la tranquilidad en cada momento, en cada partido, para hacerlo. Y él lo hace en la cancha".

Si una de las capacidades más evidentes de Riquelme es la de organizar el juego y así mejorar el rendimiento de sus compañeros, el modo en que se relaciona con ellos resulta fundamental para comprender sus propios movimientos en el campo. Ese vínculo requiere de unos desplazamientos determinados, pero también de una serie de conceptos que sustenten la práctica. Y no siempre los compañeros o los entrenadores han comprendido o aceptado ese conjunto de valores sobre el juego. Piensa Ariel Scher: "A veces da la sensación de que cree que al fútbol se juega como él juega. Entonces, en un sistema en el que el equipo no juegue con esa lógica, o la lógica no la gobierne él, no siempre está tan cómodo". El entrenador y analista Matías Manna, autor del libro *Paradigma Guardiola*, reflexiona: "Riquelme es contextual. Todo y todos tienen que estar con él. Para los expertos en fragmentar el juego, estudiarlo de forma diseccionada, para los que creen que defensa y ataque son diferentes momentos dentro de un mismo juego, Riquelme no les entra en el sistema". Scher agrega: "¿Cómo se explica que un tipo que juega como juega Riquelme, que le ha tocado estar en equipos en que no todos sabían de fútbol, o que estaban desinformados sobre que él era el eje estratégico, de todos modos logre desbaratar atenciones de marca sobre él? Porque se mueve. Su ritmo, su cadencia, no es la de otros tipos en otros lados. Y es cierto que los equipos donde juega Riquelme juegan mucho en torno de Riquelme. Es un rasgo de él que a veces podrá favorecer y a veces no. Tiende a favorecer porque es un jugador descomunal". Y completa Manna: "Cuando juega Riquelme emerge un orden al que no podemos dar explicación ni poner nombres y eso atenta con el ego de los entrenadores. Cómo van a incentivar a un jugador que propone un orden así, un orden tan fuera de lo que plantearon en su cabeza antes del partido. Imposible".

Por su parte, Jorge Bermúdez, que jugó en Boca Juniors

con Riquelme y en la actualidad es analista en medios de comunicación, opina: "En mi concepto, su característica saliente es la visión de juego que tiene. Parece que esa amplitud de panorama, ese ver más allá de las posiciones con un solo reflejo, es una gran virtud. Es un hombre capaz de, con una mirada, saber y entender cada uno de los movimientos de sus compañeros. Interpreta los instantes justos para soltar un pase, para dar una pared, para tirar la pelota larga, o para aprovechar sus virtudes individuales y marcar un gol".

Rodolfo Arruabarrena, que compartió el equipo con Bermúdez y Riquelme, y que ahora se desempeña como entrenador de Boca Juniors, analiza: "Román es un jugador muy rápido mentalmente. Sabe leer muy bien el juego. Además de todo lo que ha aprendido, es un jugador que está constantemente mirando fútbol. A partir de ese aprendizaje, en la cancha se da cuenta de algunas situaciones que tal vez sus compañeros o sus rivales, con toda la presión y el trajín del partido, no ven. Es un pibe que mentalmente es muy rápido. Y ve esa jugada que el jugador común y corriente no la ve. Para mis características era importante porque yo jugaba a uno o dos toques y descargaba en él".

Como organizador, ¿a qué juega Riquelme cuando juega? ¿Juega al fútbol o juega a la pelota? En todo caso, ¿cuál sería la diferencia? El escritor Juan Sasturain expone su pensamiento sobre el tema, que relaciona con el modo en que el jugador se complementa con sus compañeros: "Román ha sido, primero, como base de todo, un gran jugador de pelota. Román juega muy bien a la pelota. Tiene un inmenso desarrollo técnico en cuanto al control de la pelota, al uso, y es además un extraordinario jugador de fútbol. Muchas veces no pasa eso. Primero se aprende a jugar a la pelota. Es una cuestión conceptual que hoy en día está muy perdida. Hay una etapa que hoy se quema, que tiene que ver con el desarrollo de los chicos. Uno aprende a jugar con la pelota antes de que existan los compañeros. La existencia del fútbol ya es un grado distinto, que implica el conocimiento del compañero. Es como hablar y escribir, son dos cosas distintas. Y Román es de ese tipo de jugadores que tiene las dos cosas. Tiene una extraordinaria capacidad en ambos aspectos".

Mauro Navas, que enfrentó a Riquelme en el fútbol argentino y en el de España, y que desde agosto de 2014 es integrante del cuerpo técnico de Boca Juniors, resume los postulados de Sasturain con una frase: "Román es una gran individualidad a favor de un equipo". Y agrega: "Nunca lo vi hacerse el tonto dentro de la cancha, o esconderse, o decir 'a mí no me la des'. Nunca, jamás. He visto muy buenos jugadores, pero esa inteligencia que tiene Román para tomarse su tiempo, o para encontrar su lugar en la cancha, no la he visto. Él piensa mucho. Él permanentemente está pensando el partido. Además, sabe muchísimo de fútbol, conoce a todos los jugadores y cómo juegan. Es un jugador que tiene condiciones, pero que, sobre todo, sabe jugar al fútbol. Hace lo más difícil, que es entender el juego. Es un director de orquesta que sabe en qué momento tiene que tocar cada uno de los instrumentos".

Pero no siempre la orquesta funciona. A veces, los compañeros no comprenden los movimientos de la batuta. Y no siempre el director puede tener un gran concierto. El filósofo y periodista español Javier Brizuela subraya: "Cuando Riquelme juega bien, sus compañeros rinden bien, porque el juego ofensivo fluye. El problema es que, al ser un futbolista que acapara tanto juego, sus días malos también influyen en el rendimiento colectivo. Para bien o para mal, aquel Villarreal, como Boca durante tantos años, unía su destino a las actuaciones de Riquelme".

Sergio *Cachito* Vigil, que fue entrenador del seleccionado femenino de hockey durante siete años (con un campeonato mundial incluido), también enfatiza las dificultades de que un equipo se organice solo en función de Riquelme. Porque el funcionamiento se ve perjudicado cuando el organizador no juega bien, pero mucho más cuando directamente no juega. Dice Vigil. "Riquelme, como todo crack, genera dependencia. Después de acostumbrarse a jugar con Riquelme, en la forma de ordenar el juego, de pasar la pelota, en la forma de intervenir en el ataque y llegar a posición de gol de una manera inesperada, es muy difícil cuando él no juega. Le lleva mucho tiempo a su equipo poder acostumbrarse y desarrollarse. Riquelme, con su juego, hace crecer a todo un equipo. Hace esperanzar a todo un equipo, hace achicar al rival. Y como todo eso ocurre, es durísimo cuando no está".

Rubén Capria da su punto de vista sobre la relación que debe establecerse con los otros jugadores de un equipo: "Hay un código que se mecaniza y se sincroniza con un compañero. A mí me tocó jugar en la misma posición, y yo manejaba algunos movimientos que ya incluía un código con mi compañero que jugaba de número cinco. Yo sabía que donde él picara a buscar la pelota yo tenía que hacer un movimiento para estar desmarcado cuando él se diera vuelta. Así, yo le podía ofrecer una opción de pase para que me la diera. Esta clase de futbolistas necesita que confíen en ellos. Porque si vos te desmarcás una, dos, tres veces, la vas a buscar, y el pelotazo te supera por arriba de la cabeza, estás de más. A esos futbolistas se les debe dar la pelota todo el tiempo. ¿A quién se la vas a dar si no a Riquelme?".

¿Y si Riquelme, como temen Vigil y Brizuela, no está jugando bien? ¿Sigue siendo conveniente darle la pelota? Para Capria, la respuesta no acepta dudas: "Aunque se equivoque, hay que dársela. Pareciera que tiene muy clarita la cancha, dónde están los rivales. Yo he hablado con tipos que han sido sus compañeros y me decían 'se la dábamos a él y descansábamos'. Eso es un valor enorme. Cuando la pelota pasa por él, es un progreso del equipo. Además, un jugador como Román no se preocupa si se equivoca. La va a volver a pedir. En el fútbol argentino se castiga más al que la pide y la pierde que al que no la pide y se esconde, y después se tira a los pies para el aplauso fácil. Eso es muy nocivo y es muy poco eficiente. El jugador como Román se gana la confianza del compañero porque, de todos modos, se equivoca muy poco. Aunque vos tengas un estratega, si le das diez pelotas y falla ocho, no te inspira la misma confianza que un tipo que casi todas sus decisiones futbolísticas las toma bien".

No importa qué lugar en el campo ocupe Riquelme. En sus últimos tiempos, se lo ha visto con frecuencia junto al número cinco, comenzando la organización desde detrás de la mitad de la cancha. Los marcadores rivales no irán a buscarlo hasta esa zona. Otras veces (aun en el mismo partido) se ha ubicado como un extremo izquierdo, más adelantado incluso que el número nueve. Y desde allí ha seguido amasando, de a poco y al que él considera el debido tiempo, la estrategia de ataque de su equipo. Riquelme, como aquellos que conforman su linaje, asume el riesgo y la responsabilidad por el rumbo que tome el encuentro. Elige cuándo debe pasar al ataque un lateral izquierdo. Detiene un contragolpe cuando considera poco inteligente avanzar. A veces juega hacia atrás (o hacia los costados) cuando el espectador está urgido por ver a su equipo ir hacia adelante. Se entretiene con la pelota hasta que encuentra un espacio entre líneas y de pronto deja a un compañero de cara al arquero rival. La tarea es la más difícil de todas: jugar para que otros jueguen, pasar la pelota con tanta precisión como para que quienes la reciban lo puedan hacer a favor de sus cualidades. Es una magia muchas veces invisible, muchas veces no estimada en su absoluta belleza.

Para él, la palabra enganche no alcanza. Riquelme no engancha. Más bien, es como si tejiera. Los puntos, la lana y las agujas apenas se ven a simple vista. Pero de repente el espectáculo todo está metido en la madeja. Y que alguien venga a destejer lo ya tejido.

2

Los años en Boca

En un lugar de la Mancha, de cuyo nombre no quiero acordarme, no ha mucho que vivía un hidalgo de los de lanza en astillero, adarga antigua, rocín flaco y galgo corredor.

¿Encontraría a la Maga?

Mucho tiempo he estado acostándome temprano.

Al despertar Gregorio Samsa una mañana, tras un sueño intranquilo, se encontró convertido en un monstruoso insecto.

Hoy, en esta isla, ha ocurrido un milagro: el verano se adelantó.

Debo a la conjunción de un espejo y de una enciclopedia el descubrimiento de Uqbar.

Era el mejor y el peor de los tiempos.

Los comienzos de las grandes historias suelen ser inolvidables. Así fue el comienzo de la carrera futbolera de Juan

Román Riquelme. Debutó en Primera División el 10 de noviembre de 1996, con la camiseta número ocho de Boca Juniors, ante Unión de Santa Fe. El equipo lo dirigía Carlos Bilardo. Jugó como mediocampista por la derecha, y esa tarde la pisó, gambeteó, dio pases profundos que no pudieron terminar en gol, pateó al arco, regaló una hermosa asistencia, y fue el dueño del partido. En la transmisión televisiva se escucharon frases como "qué bien juega este chico", "Pompei no esperaba esa preciosura de acción", "bien, pibe, todos los aplausos son para vos", o "hizo la pausa, porque siempre hay tiempo". El partido terminó con la pelota en sus pies. La hinchada gritó su nombre. Los diarios lo señalaron como figura. Y Riquelme, ese día, nació en un campo de juego.

Escribió Juan Sasturain en el diario *Página/12* sobre aquel día: "aunque el joven Riquelme no descubrió la Bombonera, sí la cancha lo descubrió a él. La huella establece una relación entre el pisador y el ámbito hollado que tiene algo de desvirgue recíproco: ni el lugar ni el pisador serán de ahí en más los mismos. Se conocieron y el efecto es irreversible. El espacio pierde algo con la ausencia de quien no ha pasado, simplemente, por él, sino que lo ha pisado. Y el pisador nunca será el mismo pisando en otra parte porque los tapones no tapan, fijan. El plus de sentido es recíproco".

En esa misma nota, Sasturain describió, también, el vínculo entre Riquelme y la pelota: "Ese pacto entre la pelota y el pisador es para siempre (...). Es evidente que se aman. Basta verlos juntos".

Mauro Navas piensa que el modo en que Riquelme se comporta en el campo es fundamental para comprender el recibimiento inmediato por parte del público de Boca, pero también explica por qué ese comportamiento produce una ruptura respecto de la propia historia del club. Y por qué, en definitiva, el jugador perdura. Dice Navas: "Es contra hegemónico Román. Para mí es contra hegemónico porque va en contra del sistema. Hay que contextualizar cómo se hace fuerte. Porque eso nadie lo dice. Él aparece en un contexto muy difícil, cuando Boca no salía campeón, cuando todo el mundo pedía 'huevo, huevo, huevo'. En los años noventa, cuando él empezó a jugar en Boca, el medio era muy difícil, se jugaba un fútbol muy táctico, muy físico. Y él paraba la pelota, la pisaba y se enfrentaba a esas condiciones. Yo lo he enfrentado en los comienzos, y fue siempre igual. Él siempre fue igual, él nunca claudicó en sus convicciones, y eso es muy importante. Él quiso jugar así, dijo 'yo voy a triunfar así, voy a ser el mejor así', y les ganó a todos. Ese es el respeto que se hizo ganar".

Rubén Capria también recuerda aquel primer partido, y el modo en que esa presentación se traduce en una constante. Explica: "Él cambió el paradigma del ídolo de Boca. En el primer partido que jugó contra Unión lo aplaudió la cancha. Hizo cuatro o cinco cosas notables. Y en su último partido en Boca, en 2014, ante Lanús, también hizo tres o cuatro cosas notables. ¿Eso tiene que ver con la edad? No, tiene que ver con el talento. Antes no tenía experiencia, ¿y? ¿Por qué hizo lo que hizo? Por su impronta, y por su talento. Ahí hay cierta capacidad que no se reconoce. Son cosas que no están en ningún libro. Están en la cabeza de él. Él aparece en el momento en que tiene que aparecer. Y consiguió que la gente lo aplaudiera y cantara su nombre en su primer partido en Primera. Eso no es para cualquiera".

Dos semanas después de su debut, Riquelme convirtió su primer gol con la camiseta de Boca, en un partido en la

Bombonera en el que el equipo local le ganó seis a cero a Huracán.

De todos modos, los primeros momentos no fueron tan fáciles como podría establecer ese primer partido. Riquelme no jugaba siempre, o estaba obligado a jugar en roles que no eran los suyos. Bilardo se fue del club y llegó Héctor Veira. Pero las cosas no cambiaron tanto. Había otros jugadores de más experiencia, y Riquelme era más un complemento que un eje del equipo. A menudo jugaba de mediocampista por izquierda. Antonio García Ameijenda, que formaba parte del cuerpo técnico de Veira, cuenta: "Uno veía que tenía una técnica muy buena, aunque no le habíamos encontrado el puesto todavía. Jugaba en el costado izquierdo. Encajonándolo en el sector de los diez antiguos él no se sentía cómodo. Y nosotros queríamos que jugara ahí. A veces no jugaba por eso. Poníamos a un jugador que hiciera más el carril, pero él no es carrilero. Él tiene que jugar libre".

Pero Riquelme no jugaba libre. Jugaba sobre un costado, *encajonado*. García Ameijenda explica por qué sucedía eso, aun cuando las condiciones del jugador indicaban que debía ocupar otro lugar: "El motivo de ubicarlo ahí era que no teníamos jugadores. Llegamos a Boca y se habían ido un montón. Entonces, nos faltaba un jugador bueno en la izquierda. Veira quería que Román fuera y viniera. Físicamente tiene piernas fuertes, es alto, pero mentalmente él no está para esa función. No la siente. A él no le gusta hacer lo que no siente. Tal vez, si uno considera que es un gran jugador, habría que dejarlo moverse donde él sabe. Porque él sabe dónde se tiene que mover. Si vos tenés un jugador de esos, ¿qué le vas a decir? ¿Que vaya a jugar de número tres? Él necesita libertad para generar toda la magia de su fútbol. Porque lo más importante y difícil del fútbol es llegar al gol. Y él tiene todo ese conocimiento para que el equipo llegue".

A pesar de la incomodidad de su posición en la cancha, Riquelme no se quejaba. Entrenaba, jugaba cuando le tocaba hacerlo, y seguía adelante. Y era, todavía, un jugador joven con mucho por aprender. "No era un chico muy comunicativo –recuerda García Ameijenda–. Escuchaba todo y no te decía nada. Después, en las prácticas, si le habías dado un consejo, hacía lo que le habíamos transmitido. Captaba lo que uno le decía. Tenía la cabeza para aprender, aunque ya lo sabía todo".

En la cancha, Riquelme mostraba sus cualidades a pesar del lugar en el campo. Se entendía bien con Diego Latorre, por ejemplo. Los dos interpretaban que tenían que pasarse la pelota al pie. Que podían jugar juntos y hacer crecer al equipo. En eso andaban cuando Boca tuvo que enfrentarse a River, en el estadio Monumental. Riquelme no había jugado nunca, en Primera División, contra el clásico rival. Pero el 23 de marzo de 1997 jugó. Antonio García Ameijenda recuerda los detalles: "Él no estaba jugando mucho. Y se lesiona un volante por derecha. *Bambino*, entonces, dice 'lo voy a poner a Riquelme de ocho'. Lo habló con él, le dijo 'quiero que me juegues de ocho. ¿Jugás?'. 'Sí', dijo Román. 'Quiero que armes todo el circo ahí', agregó Veira. Lo vi hacer un partido brillante. Tocó, no lo podían agarrar, y generó todo el juego del equipo. De esa zona vinieron todos los goles. Boca pudo haber ganado ese primer tiempo cinco a cero".

Boca ganaba tres a cero, y terminó empatando tres a tres. Riquelme fue una fiesta. Pero, cuenta García Ameijenda, "había corrido tanto, porque se le iban todos al humo a él, para cortar el juego, que en un momento se fundió. Encima jugaba con Raúl Peralta de cinco, que era un cinco de juego, no de marca. Cuando se cansó Román fue cuando se agrandó River y ahí llegó el empate".

Diego Latorre escribió una nota en el diario *Olé*, el 29 de marzo 2014, en la que decía: "El primer clásico de Riquelme fue el 3-3 del Clausura 97, en el Monumental. Yo también lo jugué, y apenas pisó la primera pelota nos dimos cuenta de que no iba a temblar en momentos en los que muchos jugadores sí. Una pisada, y ya había pasado el filtro de la exigencia, la presión. Era un jugador silencioso, con el carácter de los líderes".

García Ameijenda completa la idea: "Vos vas a ver un partido y a los quince minutos ya sabés quién es el mejor jugador. Lo sabe cualquiera. Pero, ¿quién juega dieciocho años en Primera y es figura? Son contados con los dedos. Son jugadores excepcionales".

En julio de 1998 todo cambió. Carlos Bianchi asumió como entrenador de Boca, y Riquelme pasó a ocupar, con veinte años, un lugar central. Ya no fue el chico al que se podía acudir cuando faltara algún otro jugador de más experiencia. Ya no fue el juvenil que jugaba en el lugar que el director técnico le pidiera, solo por jugar. Con Bianchi, Riquelme se convirtió en el organizador del equipo, en el eje del juego, y en el destinatario de todas las pelotas. Riquelme se puso la camiseta número diez de Boca Juniors, y se la quedó para siempre.

De alguna manera, ese nuevo lugar tenía que ver con las propias características del jugador. Analiza Mauro Navas: "Él impone un respeto, y cuando se planta en la cancha, un futbolista que juega al lado ya sabe cómo tiene que jugar con él. Un compañero tiene que saber que la primera opción es él, siempre, aun si está marcado. Él es la primera referencia. Eso es lo que le dio todo este reconocimiento. Porque cuando Riquelme entra al campo uno ya sabe cómo hay que jugar. Ya sabés que la mayoría de las pelotas tienen que pasar por él. Eso no quiere decir que los demás no juegan. Pero tenés que saber que es el jugador más importante. Si no lo sabemos, ya cometemos un error".

Jorge Bermúdez, que fue líder y capitán de ese equipo que lo ganaría todo, recuerda: "En esa época todos nos entendimos mucho. Todos comprendíamos su manera de jugar. Pero hay jugadores que le deben mucho a Román en cuanto a su nivel de juego y a su paso por Boca. Yo digo siempre y no me canso de repetir que Martín Palermo y Román se deben mucho mutuamente, porque se comprendieron dentro del campo de juego. Dentro del campo fueron los verdaderos artífices de una misión colectiva de ataque". José Horacio Basualdo, otro jugador de mucha experiencia de aquel Boca, dice: "Román sabía muy bien lo que había que hacer antes de recibir el balón. Eso se notaba mucho dentro del campo. Román tiene el don de leer las jugadas muy rápido y de poder decidir qué va a hacer en ese momento. Puede decidir en segundos, tanto sea para dar un pase como para terminar una jugada. Lo que él hacía por nosotros era descomprimir las ocasiones en las cuales teníamos que resolver ante las presiones dentro del campo. O sea, controlar el ritmo del partido o salir de espacios reducidos. Por eso tratábamos de recuperarla y de dársela lo más rápido posible para que no lo marcasen. Y si eso sucedía sabíamos que era un experto en cubrirla para que no se la quitaran. Lo mejor que podíamos hacer por él era recuperar los balones perdidos y volver a dárselos, y rodearlo para protegerlo o ser de apoyo". Bermúdez completa su análisis: "El Román que conocí en el año 1997 rompía, llegaba al área rival, estaba en los rebotes, hacía goles desde afuera, encaraba a los centrales, entraba con una pared y la definía él. Siempre he dicho que el Román de hoy, aunque lo hace, no es el que deba asumir toda la responsabilidad de un equipo. Debería ser el complemento de un gran conjunto, y eso en el Boca de los últimos años no lo han entendido. Lo han exigido a tal punto que las lesiones estuvieron muy presentes".

Ese equipo de Carlos Bianchi, con Riquelme como conductor, ganó el Torneo Apertura 1998. Hacía seis años que Boca no ganaba un título. Repitió en el Torneo Clausura 1999. Con ese campeonato, Boca obtuvo su pase para disputar la Copa Libertadores del año 2000. Y Riquelme obtuvo un pase a la historia grande del club.

Según datos recopilados por Guillermo Schoua para el sitio de Internet *Historia de Boca*, Riquelme entregó veintiocho asistencias en sus primeros ocho torneos disputados como profesional. Además, convirtió dieciséis goles.

21 de junio de 2000. San Pablo, Brasil. Boca Juniors juega la revancha de la final de la Copa Libertadores ante Palmeiras. El primer partido ha terminado dos a dos. Boca resiste los ataques del equipo local. Los jugadores de Bianchi parecen tranquilos, pero hay uno que está más tranquilo que cualquiera.

José Horacio Basualdo da la pelota a Juan Román Riquelme. El diez la devuelve. Basualdo quiere que el equipo cambie de ritmo. Pero Riquelme no cambia. Y ahora Basualdo recuerda: "En esa final en Brasil en la que después fuimos a penales, estábamos con Román tocando entre jugadores brasileños y yo quería que él fuera hacia el arco. Y él me la devolvía. Yo le decía que atacase y él solo quería retenerla ahí conmigo, jugando entre los brasileños, viéndolos cómo corrían y no la podían agarrar. Entonces cuando le doy el último pase decido darle la espalda a Román. ¡Recién entonces atacó el arco de ellos! Fue una linda situación, que seguimos contando hasta el día de hoy, y nos sigue alegrando".

La anécdota de Basualdo parece subrayar un aspecto del juego de Riquelme que forma parte del pensamiento que lo sustenta. La idea de que un jugador puede divertirse dentro del campo, pero de un modo profesional, serio. "Tampoco es que dé lo mismo perderla o provocar errores –reflexiona Basualdo–, pero sí se puede tomar el fútbol como cuando uno fue chico, con pasión y divirtiéndose".

Riquelme se adueña de la pelota. Se esconde con ella. La muestra de vez en cuando, solo para que Palmeiras acepte que no les pertenece. El partido termina. Hay penales, y Boca es campeón de América después de veintidós años. El número diez, Juan Román Riquelme, ha regalado ocho asistencias durante el torneo. Cinco de ellas, en instancias de eliminación directa. Y ahora espera Real Madrid, a fin de año, para definir el campeón del mundo.

"A esa altura Román ya la tenía tan pegada a la suela que parecía que estaba haciendo trampa".

La frase la escribió Martín Caparrós en su libro *Boquita*. La escena que describe es la que enfrentó a Boca Juniors y

Real Madrid, en Tokio, por la Copa Intercontinental del año 2000.

A los dos minutos y medio Boca ya estaba arriba en el marcador, con gol de Palermo. Desde los primeros instantes, era notorio que el equipo pretendía jugar con la pelota contra el suelo y manejar los tiempos del partido. Es decir, el equipo iba a jugar como jugaba Riquelme.

Tres minutos después del primer gol, José Basualdo recuperó la pelota cerca de su área, y se la entregó a Riquelme enseguida. Riquelme levantó la cabeza, y metió un pase largo, muy largo. La pelota cruzó la cancha de derecha a izquierda, y desde su campo hacia el del Madrid. Cayó unos metros delante de Palermo, en beneficio de su pierna hábil, picó dos veces y Palermo definió cruzado. Boca ganaba dos a cero.

Cuenta el propio Basualdo: "De ese partido con el Madrid recuerdo todo. Recuerdo muy claro que Román manejó el ritmo. Inclusive en el segundo gol de Palermo él pone una pelota de treinta metros, se la deja adelante y ya en posición de remate. Obvio que también Martín hizo lo suyo, pero la pelota que puso Román fue increíble".

Unos minutos después del segundo gol, Roberto Carlos descontó para el equipo campeón de Europa. Entonces, cuando un rival lleno de estrellas intentó acercarse y empatar, empezó el verdadero espectáculo de Riquelme. Protegió la pelota con la espalda, con los codos, con los muslos. Corrió. Manejó los tiempos, tocó y fue a buscar, gambeteó, y la pisó. La pisó como si supiera que la pelota era suya y solo suya y que los otros veintiún jugadores no eran dignos de interrumpir esa relación. Sí, parecía que estaba haciendo trampa.

Boca ganó dos a uno y fue campeón intercontinental. Riquelme acababa de mostrarle al mundo, a aquel público poco acostumbrado a prestar atención al fútbol sudamericano, que se podía hacer tiempo sin tirar la pelota a la tribuna. Sin demorar un saque lateral. Solo había necesitado, en esos noventa minutos, pisar y pasar la pelota.

El periodista Juan José Panno, en una nota publicada en *Página/12*, titulada "Qué partido para jugar tanto fútbol", escribió: "El mayor mérito de Román es que jugó como siempre. En el repaso del partido se pueden contar tres, a lo sumo cuatro pelotas mal jugadas (…). El resto, magia pura". Y luego: "A lo largo del partido fue el respirador que utilizó Boca para salir del ahogo al que por momentos lo sometió el Madrid. Se mostró para recibir libre, habilitó siempre al compañero mejor ubicado, le resolvió los problemas a todos haciendo la pausa en el momento justo y metió otras dos asistencias que no fueron gol porque Delgado y Battaglia no las supieron aprovechar. Le sobró calidad para brillar por encima de varias figuras de renombre mundial (…). En el, hasta ahora, partido de su vida por historia, por importancia y por rivales, Riquelme jugó el partido de su vida. No hacía falta que jugara tanto para demostrar su jerarquía. Pero qué suerte que lo hizo".

Sobre ese partido, recuerda Horacio Pagani: "Yo estuve en Tokio en la final con Real Madrid. Y decía en ese momento que ese muchacho de veintidós años era el mejor jugador de la Argentina".

Apenas terminó la final, Riquelme empezó a recibir elogios de grandes jugadores. Josep Guardiola, entonces capitán del Fútbol Club Barcelona, manifestó: "Riquelme sabe siempre qué debe hacer, cuándo parar y cuándo *driblear*;

como Zidane, es muy inteligente, pero con la ventaja de contar solo con veintidós años de edad (...). Si me preguntan, digo que deben comprar a Riquelme, pero dudo de la factibilidad de la operación porque él hoy vale diez millones de dólares más de lo que costaba antes del partido en Tokio".

Por su parte, Raúl, legendario delantero del Real Madrid, y víctima en el campo del juego del número diez, dijo: "Riquelme es el que lo crea todo. Es el que más me gusta de Boca. Pienso que por sus cualidades no hay otro como él en el mundo. Es único".

Al regreso de Japón, Boca debía confirmar su liderazgo en el Torneo Apertura. El primer partido después del viaje, el más complicado, fue ante San Lorenzo. A pocos segundos del final, el encuentro seguía empatado y el campeonato podía ponerse en duda. Entonces Riquelme pisó la pelota, giró, y la picó entre dos centrales. El pase terminó en gol de Martín Palermo, el equipo ganó, y el título quedó más cerca. Dos semanas más tarde, Boca fue campeón.

13 de junio de 2001. San Pablo, Brasil. Boca Juniors juega la revancha de la semifinal de la Copa Libertadores ante Palmeiras. El primer partido ha terminado dos a dos. Parece una reproducción de lo que ocurrió un año antes, en la instancia final. El resultado es el mismo. El partido termina empatado y Boca gana por penales. Pero la enorme diferencia es que la actuación de Riquelme, que ya había sido muy buena en la serie de 2000, esta vez es brillante. Todavía hay personas que señalan ese partido como uno de los mejores que Juan Román Riquelme haya jugado en su vida.

Antes de que el reloj llegase a los dos minutos, Riquelme metió un pase en profundidad para Christian Giménez. El delantero pateó, el arquero dio rebote y Walter Gaitán convirtió el primer gol. Catorce minutos más tarde, Riquelme hizo uno de los grandes goles de su carrera, después de amagar ante varios rivales. Aunque luego la serie se complicó para Boca porque el equipo brasileño logró empatar dos a dos, el nivel de Riquelme no cambió. Riquelme, como en Tokio unos meses antes, seguía haciendo trampa.

Quince días después, Boca venció a Cruz Azul por penales y se consagró bicampeón de América. Juan Román Riquelme fue elegido como el mejor jugador de las finales. Trece años después, en una entrevista al diario *Clarín*, el escritor mexicano Juan Villoro diría: "Es un jugador extraño en su psicología, es lo contrario al jugador de exportación. Necesita sentirse cómodo, en su barrio, con su gente, para jugar bien. Lo vi en la final de la Copa de 2001 contra Cruz Azul, en el Azteca, y me asombraron los desmarques para tomar la pelota, adormecerla y marcar un ritmo absolutamente caprichoso del partido. Él dicta de qué manera las pausas van a marcar la siguiente jugada".

El 16 de mayo de 2002, Boca quedó eliminado en cuartos de final de la Copa Libertadores. Juan Román Riquelme terminaba de jugar el último partido de su primera etapa en el club.

Habían ocurrido muchas cosas. Bayern Munich había vencido a Boca en la final intercontinental de 2001. Ahora, el entrenador ya no era Carlos Bianchi, sino Óscar Tabárez.

La relación con la dirigencia del club, rota desde hacía tiempo, no podía recomponerse. Entonces Riquelme fue vendido al Barcelona de España.

Entre noviembre de 1996 y mayo de 2002, Riquelme pasó de ser el pibe que debutaba entre aplausos a ser el dueño del equipo. Impuso un modo de jugar y lo defendió siempre. Como cuenta Leandro Valdés en el libro *Los verdaderos mellizos de la Boca*, Riquelme no se entregó nunca al poder de los medios de comunicación ni al de los dirigentes del club, con los que no tenía afinidad. Simplemente, jugó al fútbol. Sobre ese tema, reflexiona el preparador físico Fernando Signorini: "El fútbol es un misterio, como todo juego. Pero juegan únicamente los que saben que saben. Román es el último gran referente en cuanto a un modo de defender la dignidad del jugador. Comprometiéndose con acciones. Él habla sin hipocresía, y eso es lo que muchas veces no se perdona. Él escucha a los que respeta. Y fundamentalmente respeta a los que saben. Su forma de ser molesta, sobre todo en esta sociedad y en este ambiente hecho pedazos. En este fango, él es un jugador de raza. No cualquiera tiene raza de jugador".

Con lo que había logrado en esos años, Riquelme ya podía incluirse entre los jugadores más importantes de toda la historia de Boca Juniors. Y, sin embargo, todavía iba a usar esa camiseta muchos años más.

3

El linaje

Todo se ha escrito, todo se ha dicho, todo se ha hecho,
oyó Dios que le decían y aún no había creado el mundo,
todavía no había nada. También eso ya me lo han dicho,
repuso quizá desde la vieja, hendida nada. Y comenzó.
Macedonio Fernández

El 20 de febrero de 1530 se jugó, en la plaza de la Santa Croce de Florencia, el primer partido de fútbol. O, al menos, eso sostiene Arnaldo Momigliano, profesor experto en filosofía antigua y amante del juego de la pelota, en la novela *¡Calcio!* del escritor colombiano Juan Esteban Constaín.

El argumento de Momigliano es simple. El *calcio* ya se jugaba en las arenas italianas, pero con las manos. Hasta se podía empuñar armas. El objetivo era introducir la bola en la red del equipo contrario, y el que más veces lo hacía era el ganador. Pero el nivel de violencia entre los rivales de ese día de febrero hizo que se acordara la suspensión del uso de armamento. Y de las manos. Solo quedaba jugar con el pie. Y así nació el juego. El *calcio* fue, por un día y hace cinco siglos, fútbol.

Cada equipo estaba conformado por unos veinticinco jugadores. A veces podían ser más. Cuatro porteros, tres defensores y más de quince atacantes. Pero los que decidían el rumbo de la partida, los dueños del destino del juego, eran los corredores o pasadores, conocidos como *sconciatori*. Aunque resulta curioso que correr y pasar, en este caso, fueran usados casi como sinónimos, el rol de esos jugadores estaba muy claro. El narrador los define así: "cumplen un papel lleno de poesía en la plaza: de sus pies, más que de sus manos, nacen los movimientos que irán llevando la bola hasta la red del contrario, con astucia, con malicia; estos son verdaderos capitanes del juego, que lo van dibujando a placer, los hilos siempre en la mente, cual un teatro del mundo".

Los defensores, encargados de recuperar la pelota, eran los primeros en empezar el ataque. Pero, para el narrador, hace falta que "cuando el balón esté en sus manos, se lo den a los corredores para que pueda ocurrir la poesía. Entonces éstos irán con firmeza y galanura, mejor si llevan la bola en los pies. Y cuando vean a un atacante de los suyos que ande libre, adelante, cerca de la red, que le lancen la pelota como un ave, y que así llegue a su nido".

Si la fe poética nos dejara creer en esta ficción de Constaín (y así será, por qué no) ya tendríamos detectado el primer antecedente, el primer antepasado, el primer abuelo de Juan Román Riquelme.

Otros integrantes del árbol genealógico podrían ser los

que describía Eduardo Galeano en *El fútbol a sol y sombra*. Eran los jugadores de principios del siglo xx, a ambos lados del Río de la Plata: "En las canchas de Buenos Aires y de Montevideo, nacía un estilo. Una manera propia de jugar al fútbol iba abriéndose paso, mientras una manera propia de bailar se afirmaba en los patios milongueros. Los bailarines dibujaban filigranas, floreándose en una sola baldosa, y los futbolistas inventaban su lenguaje en el minúsculo espacio donde la pelota no era pateada sino retenida y poseída, como si los pies fueran manos trenzando el cuero. Y en los pies de los primeros virtuosos criollos, nació *el toque*: la pelota *tocada* como si fuera guitarra, fuente de música".

Hacia fines de la década de 1920 jugaba en Arsenal de Inglaterra el mediocampista Scot Alex James, que podría estar, por sus características, en el linaje de Riquelme. Decía el jugador y periodista Bernard Joy (citado por Jonathan Wilson en el libro *La pirámide invertida. Historia de la táctica en el fútbol*) que James había sido "el hombre más inteligente con el que me tocó jugar (…). En la cancha, era capaz de pensar con dos o tres jugadas de anticipación. Cambió el destino de muchos partidos ubicándose cerca de su propia área y haciendo un pase repentino y contundente hacia el punto débil de los oponentes". En la década siguiente, el abuelo de Riquelme resultó ser un austríaco. Matthias Sindelar, que en realidad había comenzado su carrera como centrodelantero, fue retrasando su posición en el campo hasta convertirse en un auténtico organizador de juego. El crítico Alfred Polgar, también citado por Wilson, escribió sobre Sindelar: "Juega al fútbol tal como un gran maestro juega al ajedrez: con una concepción mental amplia, calculando las jugadas y las contra jugadas con anticipación, eligiendo siempre la más promisoria de todas las posibilidades". Por el carácter artístico de su juego, algunos se animaban a denominar a Sindelar como "el Mozart del fútbol".

Se ha dicho, con frecuencia, que Riquelme es el último diez, o que al menos pertenece a un linaje en peligro de desaparecer, y esa afirmación se hace con el pensamiento dirigido a determinado tipo de jugador. Pero, ¿cuál? Los *sconciatori*, claro, junto con James y Sindelar, pero, ¿quiénes otros? ¿Qué jugadores han representado virtudes y características como las que representa Riquelme? Ángel Cappa dice: "Riquelme es la continuidad de los grandes jugadores que partían de un respeto absoluto al juego. El *Beto* Menéndez, uno de los grandes de una época donde eso era muy valorado, le solía gritar a sus compañeros '¡dámela a mí, que yo sé de esto desde que nací!'. Bochini era otro magnífico exponente de esos tipos que además de jugar como se debe, hacían jugar a sus compañeros, los mejoraban. La historia nos cuenta también de Pedernera como un notable estratega". De acuerdo al análisis de Cappa, estos jugadores "no se basaban en la habilidad, que por supuesto tenían, ni en la técnica, que les sobraba, sino en el conocimiento del juego. En saber cuándo hay que jugar a un toque, cuándo hacer la pausa, cuándo encarar y acelerar, cuándo jugar para atrás, por dónde el rival muestra debilidades. Todas cosas que se van descubriendo durante el partido. En las décadas del cuarenta y del cincuenta abundaban los jugadores de ese estilo. Una vez en México, Mario Pavez, un diez de este estilo, que jugó en Chacarita en Argentina y brilló en el fútbol mexicano, me dijo: 'Ángel, los goles los hace cualquiera... lo importante es el pase de gol'. Riquelme es el sucesor de todos esos jugadores, y especialmente de ese fútbol que valora mucho más las cosas bien hechas, lo que sugiere la jugada, que el éxito, que 'hasta se puede comprar', como decía Atahualpa".

Ariel Scher también traza la genealogía que ve en el juego de Riquelme. Lo explica así: "Riquelme expresa, con todos los matices propios de cada individuo, el prototipo del número diez estratégico argentino. Hay muchas cosas de Bochini que aparecen en él. Sobre todo del último Bochini. Lo que ocurre es que Riquelme tiene una destreza con la pelota extraordinaria. Es imposible sacársela. Hay cosas que tenía Carlos Babington, como zurdo. Hay aspectos que lo acercan a Mario Zanabria. Con otra potencia física, hay elementos en él de Ricardo Villa (del mejor Villa, cuando desplazaba movimientos). Es ese tipo de jugador que vos no te explicás cómo piensan tantas jugadas y a su vez patean bien, por ejemplo. Hay tipos que tienen una gran concepción del juego y no tienen algunas ejecuciones específicas, por ejemplo, pegarle muy bien a la pelota. Riquelme patea fantástico. Patea muy bien, gambetea muy bien, tiene una elegancia extraordinaria, pero lo central es su pensamiento estratégico. Es un señor que tiene un mapamundi verde frente a los ojos".

Cuando se piensa en la herencia que recibe una manifestación artística, o, en este caso, deportiva, es inevitable pensar en qué elementos no están incluidos en esa herencia. Alejandro Dolina define la diferencia con notable claridad: "El de Román no es un linaje maradoniano. Probablemente Messi proviene de Maradona, pero no Riquelme. Maradona, lo mismo que Messi, tiene un poder de gestión propio. No quiere decir que no puedan relacionarse con otros jugadores, pero la conducción es otra cosa. Es otra función del equipo. La función de Messi es la explosión, y la de Maradona también. La irrupción de jugadas largas, prolongadas, con mucho traslado de pelota en busca de una situación de gol, con poca participación del resto. En ocasiones, sí, hay paredes, pueden tirar una asistencia, pueden jugar incluso un pase entre líneas. Pero no es aquello para lo que se los ha convocado. Son jugadores más personales, evidentemente. Es decir, el típico crack individual, más fácilmente apreciado por quien no entiende tan bien el juego. Por cualquiera, por un marciano. Ves un tipo que gambetea y corre y decís 'qué bueno es ese'". Pero, claro, esas jugadas no son las que definen para siempre el juego de Riquelme. En palabras de Dolina, "los pases sutiles, las jugadas que con un solo toque cambian una situación cualquiera a una situación de ataque, que con una economía de movimientos producen consecuencias que dañan enormemente al rival, pero que involucran a varios jugadores e involucran a un espacio, esas son jugadas propias de otro linaje. De un linaje que en tiempos cercanos yo reconozco en Zinedine Zidane, un tipo muy parecido a Riquelme, de economía de movimientos, de mucha elegancia, y de mucha visión de juego. La visión del juego es eso que acabo de decir. Hay una lógica en el fútbol, de juego, unos mecanismos, que no todos conocen. Incluso grandes jugadores, que han triunfado, no la conocen del todo".

Rubén Capria, a quien Alejandro Dolina menciona como integrante del linaje de Juan Román Riquelme, diseña su propia idea de los jugadores que conforman esa familia, y dice: "él es un director de orquesta. Es como Michel Platini. Es un Zidane. Román tiene más parentesco con Zidane o con Redondo que con Maradona. Maradona era muy rápido, muy desequilibrante mano a mano. Era muy espectacular. Muy veloz. Algo parecido a Messi. Aimar y Messi se parecen más a Maradona, y Riquelme a Zidane y Redondo. Por ahí va la cosa. Bochini es una cosa bastante indescifrable. No tenía pegada, pero tenía el talento. Y todo redunda en lo mismo para mí. Tiene que ver con el talento para lo impensado. Cuando entra a la cancha, yo no creo que ni Riquelme, ni Redondo ni Zidane tuvieran pensado hacer el control o la gambeta que hacían. O el pase entre ocho piernas que hacían. Eso tiene que ver con el talento. Y la forma actual de entender el fútbol, tan pragmática, ha dejado un poco atrás esa faceta de la cabeza de un futbolista".

El escritor Martín Kohan no tiene dudas acerca de cuál es la herencia futbolera que ha recibido Juan Román Riquelme: "De lo que yo vi, me hace acordar a Bochini. Sin dudas, Bochini. Era un tipo, como él, con un nivel de conocimiento muy grande. El *Bocha* era otro tipo que no precisaba mirar, porque sabía dónde estaban todos los demás. Tenía una precisión milimétrica para los pases. Y protegía muy bien la pelota, aunque con menos físico que Riquelme. Durante un tiempo Boca compraba goleadores de Independiente como Alejandro Barberón o Norberto Outes, y no terminaban de entender que eran goleadores en Independiente porque jugaban con Bochini. Eran buenos jugadores, pero el valor agregado que tenían con Bochini se notaba cuando ya no estaban jugando con él".

El entrenador Mauro Navas condensa, en unas pocas frases, los orígenes del estilo de juego de Riquelme, y su proyección: "Román es un resumen genético de nuestro fútbol. Representa el gen del fútbol argentino. Muy difícilmente, cuando lo vemos parar una pelota, o cuando lo vemos gambetear, o tirar un pase, lo confundamos con un jugador de otro lugar. Es argentino. Riquelme tiene mucho de barrio, de la pisada, del panorama. Es un jugador que no existe en Europa. Trasciende todas las fronteras y todas las camisetas, como Alonso o Bochini. Es imposible no emocionarse con esos jugadores. Él ya está instalado en el gusto futbolístico de todos los argentinos".

Mónica Santino lo acompaña con la idea: "Román tiene una forma de jugar nuestra. Es absolutamente argentino. Entonces se puede trazar una línea genética entre Riquelme y algunos otros jugadores. Me acuerdo de Marcelo Trobbiani, en esta cuestión del pisador. Y después pienso en alguien que yo vi cuando era muy chica, como hincha de Vélez que soy, que es Daniel Willington. En la cuestión de la ubicación en la cancha y de cómo hacer circular la pelota entre los compañeros, Riquelme me hace acordar a él. Y a Bochini, claro. Él también forma parte del árbol ese de familia de jugadores".

Si Bochini es una especie de padre futbolero de Riquelme, hay otros jugadores que podrían ser sus abuelos. Horacio Pagani opina que Riquelme "además de venir de jugadores como Bochini, o el *Beto* Alonso, podría ser heredero de Carlos Lacasia, o Vicente de la Mata, de Independiente, jugadores de los viejos tiempos. Tipos como Moreno, de la *Máquina* de River, según dicen. Yo no lo vi jugar. O Adolfo Pedernera, que era un pensante".

Rodolfo Chisleanschi argumenta en el mismo sentido, y además tiende los puentes necesarios con el presente: "Para mí Riquelme es hijo dilecto de esos diez argentinos de antes, los que dictaban cátedra sin necesidad de hacer grandes esfuerzos físicos. Están Willington y Babington, pero hay más: Mario Zanabria, el mismo *Beto* Alonso, y en menor medida Héctor Arregui, Víctor Legrotaglie y seguro que varios más. Todos ellos fueron diez de pegada exquisita, grandes manejadores de la pausa (que es lo que le da belleza, eficacia y hasta velocidad al juego, aunque suene paradójico) y que no necesitaron de una explosividad brutal tipo Maradona, Messi, Pablito Aimar o el primer Bochini para marcar diferencias. Lo hicieron a partir de la pegada y de su profundo conocimiento del juego".

Juan Manuel Herbella comenta que, en la línea sucesoria, entre Bochini y Riquelme está Néstor Gorosito. Diego Markic dice que Riquelme se parece a Zidane hasta en su conformación física. Fernando Signorini opina que Enzo Francescoli, aunque con mayor movilidad, tenía un conocimiento del juego como el que tiene Riquelme. Horacio Pagani piensa que el más parecido a Riquelme, de los jugadores contemporáneos a él, fue Marcelo Gallardo. Ariel Scher también menciona a Gallardo, y agrega a Ángel *Matute* Morales. E incluye en el árbol a Xavi Hernández, de quien dice "nunca vi un jugador con la sabiduría del juego como tiene él, y con ese estilo". Carlos Balcaza y Mauro Navas nombran a Claudio Borghi. Navas suma a Omar Palma. Y al italiano Roberto Mancini.

En un artículo publicado en el diario *Olé* el 25 de octubre de 2010, Roberto Perfumo escribió: "Fui compañero de Maschio, Tostão, Dirceu Lopes, Alonso, Ermindo Onega, *Jota Jota* López, Marzolini; y, de pibe, jugué con Rojitas. Otros tiempos, pero eran Riquelmes. El modelo es universal, y lo seguirá siendo. Con ellos me sucedió que mi primera sensación en la cancha era proteger de los depredadores a los únicos capaces, en cualquier época, de poner las cosas en su lugar y de hacer bello el fútbol".

La reconstrucción de la genealogía futbolera de Riquelme remite a grandes jugadores de décadas anteriores, y esa búsqueda resulta, en muchos casos, bastante clara y hasta evidente. Sin embargo, mayores dificultades presenta la posibilidad de pensar en el futuro. Es decir, en jugadores más jóvenes que Riquelme o contemporáneos a él que puedan presentar algunas de sus características. Rodolfo Chisleanschi opina: "De los jóvenes, ¡uf!, en la Argentina no hay ninguno, sin duda. Y de afuera, tampoco muchos. En Europa se hace difícil desarrollar un futbolista así por la exigencia de dinamismo que imponen los técnicos. Quizás Thiago Alcántara, el chico que Guardiola se llevó al Bayern Munich, tenga algunos puntos en común. Y también Ganso, el brasileño que jugaba con Neymar en el Santos, aunque a éste lo mata su irregularidad. Los dos tienen genes brasileños, por cierto. No creo que sea casual".

Para Roberto Martínez, no hay duda de que el jugador más cercano a Riquelme es Andrés Iniesta. "Aunque Andrés –agrega Martínez–, es más constante a la hora de buscar el balón cuando no lo tiene, porque ha sido educado en ese sentido. No espera que le llegue, como nos tiene acostumbrados Riquelme". Juan Sasturain también elige a Iniesta: "no es ocioso compararlo a Román con Andrés, porque son jugadores excepcionales que tienen un magnífico dominio de pelota y del juego". Alejandro Dolina acuerda y dice que "Iniesta es el más parecido de todos a Riquelme". Horacio Pagani ha dicho más de una vez que "un Xavi más un Iniesta forman un Riquelme".

Además, Martínez agrega a la lista a *Ricky* Álvarez: "aunque zurdo, también ha crecido de esa forma, aunque en Italia le están reeducando en la presión, y por eso lo valoró tanto Alejandro Sabella para el seleccionado argentino".

En las inferiores de Argentinos Juniors, Juan Román Riquelme jugaba de mediocampista central, por aquella decisión de su entrenador, Carlos Balcaza. Esa circunstancia, que le permitió jugar con más frecuencia y aprender a moverse con el campo de frente, también hizo que el árbol genealógico de su fútbol se ramificara hacia otros lugares. Así lo cree Juan Sasturain, que repone: "Él era cinco. Viene de la escuelita de Argentinos. Esos muchachos decantan, o para adelante o para atrás. Es la misma escuela que dio a Redondo y al *Lobo* Ledesma. El *Lobo* es muy buen jugador, un hermoso jugador. Román tiene esa mirada, la del número cinco". Cristian Ledesma, compañero de Riquelme en inferiores y ahora en Argentinos Juniors en el torneo de B Nacional, también es mencionado por Ariel Scher. Dice: "Hay algunos jugadores con esa concepción del juego, la de Riquelme, que juegan de número cinco. Juega a eso el *Lobo* Ledesma. A veces en divisiones inferiores o en algún potrero se ven chicos con esas características. Por procesos que exceden a Riquelme, es más difícil verlos en equipos de Primera, de alta competición. Guardiola tenía muchas cosas de Riquelme, en el manejo estratégico del partido. Era un jugador con gran precisión para pasarla, y compartía la elección sublime de cada pase. Hay millones de posibilidades, pero el tipo elegía, seguro, si no la mejor, una de las mejores posibilidades".

Martín Vassallo Argüello, que fue tenista profesional y en la actualidad es entrenador, coincide con Sasturain y Scher, y extiende los motivos por los cuales Riquelme tiene muchos elementos de volante central. Lo desarrolla así: "Yo lo relaciono mucho más con un cinco genial que con un enganche del linaje de Messi, Maradona o Latorre. Para mí, es un cinco adelantado con enorme resolución. Lo reconozco más ahí que como enganche de pasito corto. Yo soy hincha de Lanús, y, por ejemplo, me hace acordar mucho al *Conde* Fernando Galetto, inclusive por su manejo de la velocidad. El linaje de él es ese, el de un número cinco con mucha presencia, que también tiene una capacidad tremenda para la resolución final de la jugada, si eso llega a ser necesario".

Y el árbol es un árbol de hojas florecientes y vivas.

Ángel Cappa, Ariel Scher, Horacio Pagani, Roberto Martínez, Mauro Navas, Mónica Santino, Martín Kohan. Todos ellos y muchos otros han situado a Ricardo Enrique Bochini como una de las raíces futboleras del estilo de Riquelme. Como la pieza más cercana de su linaje. Cabe preguntarse qué piensa el propio Bochini sobre su pertenencia a esa genealogía. Su respuesta no se hace esperar. "Creo que somos parecidos en el pase. Ese pase al vacío, a los delanteros, o a los volantes que llegan –explica Bochini–. La idea de hacer la pausa, también. En eso creo que sí, que Riquelme es bastante parecido a mí". Si existe una línea que une el juego de Bochini con el de Riquelme, y esa línea se proyecta como si fuera un pase entre los jugadores rivales, debe haber un modo de explicar esa continuidad. Ricardo Bochini la cuenta de un modo conciso y simple: "La precisión en el pase viene con uno. También se puede ir mejorando con los partidos, con el juego, con el paso de los años. Si los compañeros te van entendiendo, entonces el pase mejora. Pero lo principal es la visión mental que uno tiene del juego".

Sobre ese tema, Víctor Hugo Morales tiende el puente entre los dos números diez: "Hay un sentido de la geometría que los distingue. Gente rara, que se siente más feliz con un pase de gol que con empujarla al arco. El sueño de ellos es la elección de una línea perfecta que haga llegar la pelota a un lugar preciso y casi imposible. Eso es creación. Parecen opinar que un gol lo hace cualquiera, pero lo de ellos es arte".

Ricardo Bochini detiene la pelota bajo la suela. Mira el horizonte, y entonces da una asistencia con una frase sobre cuáles son, desde su punto de vista, las diferencias entre su juego y el de Riquelme: "Tal vez él tiene mejor remate al arco que yo, y un poquito más de potencia. Y yo, tal vez, cuando empecé a jugar tenía un poco más de gambeta. Yo era más gambeteador y él siempre tuvo más remate al arco. Esa puede ser la diferencia entre uno y otro".

Hay otro aspecto que une a Bochini y Riquelme, que es la larga permanencia en un mismo equipo. En el caso del primero, es un ejemplo casi único de jugador que ha perdurado veinte años en el mismo club. Riquelme, por su parte, jugó en Barcelona y Villarreal de España, y en la actualidad usa la camiseta de Argentinos Juniors. Pero, entre sus dos etapas, jugó en Boca más de trece años. Bochini analiza las dificultades que implica jugar tanto tiempo en un equipo, y, sobre todo, hacerlo en un nivel de excelencia. Dice: "Yo creo que Riquelme fue fundamental en Boca en todo lo que ganó. En cada etapa fue quien manejó todo el equipo. En especial, de mitad de cancha para adelante, pero manejó todo en sus años en Boca. No solo armó el juego, sino que también llegó él a hacer muchos goles que definieron partidos. El puesto de él es un puesto muy difícil, y lo he vivido también yo. Sabemos que es un puesto donde tenés que tener muchas condiciones técnicas, velocidad mental, velocidad física, precisión con la pelota. Todas esas cosas Riquelme las tiene, y por eso se pudo destacar".

Víctor Hugo Morales también interpreta el vínculo entre Riquelme y Bochini desde el aspecto de la permanencia en un club. Explica: "Hay un perfil del jugador argentino de todas las épocas. Y la vorágine impide que los Bochini o los Riquelme se reproduzcan. Nadie se queda tanto tiempo en un club hoy día. Riquelme tiene sobre sus compañeros una influencia que no se repetirá. Para ser Riquelme o el *Bocha* hay que estar ahí siempre, mientras otros pasan. El dueño del equipo ha desaparecido. La imagen de un hombre con la pelota bajo el brazo, dueño de todo, se desvanece para siempre con Román".

Finalmente, el relator y periodista uruguayo dibuja una imagen para completar su análisis. Detalla: "Hay una distinción artística en Román. Una nobleza que camina con él. Tiene el aroma del potrero, la astucia del marginal, el instinto peleador del desclasado. La rebeldía del que sabe cómo son las cosas. A las seis de la tarde, cuando el sol rebota en las paredes, en el pozo de sombras de los hombres que lo han dado todo, hay un tiro libre, un penal. No hay una persona en la tribuna ni en la cancha que dude de quién se hará cargo. Eso es ser el dueño de un espectáculo. Es una jerarquía única que no sé si se puede encontrar fuera del deporte.

Seis de la tarde. El sol rebota en las paredes. En el pozo de sombras de los hombres que lo han dado todo, hay un tiro libre, un penal. No hay persona que dude de quién se hará cargo".

Como en la plaza de la Santa Croce, como con los *sconciatori* de 1530, ya puede ocurrir la poesía.

4

Pensamiento futbolero de Juan Román Riquelme

El jugador está para pensar.
Jorge Valdano

La premisa de que existe un pensamiento en el modo de entender el juego por parte de Juan Román Riquelme tiene múltiples implicancias. Por un lado, significa que en el campo es un jugador pensante. Que toma decisiones más basadas en la racionalidad del juego que en la improvisación. Pero, por otro lado, implica que hay una serie de ideas, de conceptos, de valores, que dirigen su modo de comportarse como jugador de fútbol. En ese sentido, Riquelme piensa el juego todo el tiempo, aun fuera del campo, y ese pensamiento se traduce en un comportamiento dentro de la cancha. Es, en definitiva, una conducta circular. Pensar cómo jugar, jugar pensando.

Desde esta mirada, verbos como pensar, crear o comprender pueden formar parte de ese repertorio de valores. Sustantivos como arte, conocimiento y poesía también encajan en el rompecabezas.

Y a esas palabras corresponde incorporar elementos concretos del deporte. Para Riquelme, hay una manera de jugar más válida que otras, porque así creció y así aprendió de sus maestros. Es un modo de entender el juego que, da la impresión, no puede negociarse. Prefiere que el arquero pase la pelota a los defensores antes de que la patee sin destino, hacia adelante, para esperar lo que ocurra luego. Para él, jugar bien es, en primer lugar, no regalar la pelota al rival. "Darle la pelota al del mismo color –dice– es cada vez más complicado. Y eso a mí me preocupa mucho". Pero las ideas que forman parte del universo conceptual de Riquelme no se reducen (no podrían reducirse) solo a no perder la pelota. Porque además de no perderla hay que jugarla con precisión y con imaginación. Y pensando.

Para el entrenador de hockey Sergio *Cachito* Vigil, la pregunta acerca del pensamiento futbolero de Riquelme se responde, en primera instancia, incorporando la misma pregunta a la respuesta: "Riquelme *es* pensamiento –dice Vigil, y la cursiva se advierte en su discurso–. Riquelme está pensando siempre. Yo lo podría tomar desde el *coaching* ontológico. Hay un aspecto muy importante y un tema que se explora mucho que son las competencias conversacionales. Me parece uno de los futbolistas más complejos que me ha tocado ver, partiendo de la base de que el universo es complejo, que nosotros somos complejos y que el pensamiento es complejo. Él siempre tiene la columna izquierda de su cerebro en funcionamiento. Mientras el juego se está desarrollando, hay una columna izquierda que está pensando cosas más allá del juego que está ocurriendo, del puro presente. Una columna izquierda que piensa mientras el juego se desarrolla. En una conversación, sería, por ejemplo: mientras yo estoy hablando con alguien, hay una escucha del otro hacia lo que estoy diciendo, pero aparte hay una escucha propia que mi interlocutor tiene hacia el significado o hacia la emoción que le está produciendo lo que yo digo. Riquelme tiene un pensamiento tan complejo y apasionante que el rival no lo puede advertir. Su filosofía es cognitiva-emocional. Es de los jugadores más cognitivos que me ha tocado ver como espectador y, a la vez, más creativo. Lo creativo y lo cognitivo son complementarios en Riquelme".

Para Alejandro Dolina, "no hay otra verdad en el fútbol que la de la calidad y la técnica". Y profundiza: "El tipo que hace bien el pase y que lo controla bien. Y listo. No se puede comparar esa clase de jugador, en la que desde luego está Juan Román, con otra clase de jugador. Él cree en el valor del pensamiento. Vos lo ves jugar y es un tipo que está continuamente pensando. Está continuamente pensando –repite Dolina, subrayando cada palabra–. Hay una concentración, una astucia, unas miradas, que provienen también de una actitud corporal perfecta para jugar. Adolfo Pedernera había llamado la atención sobre eso. Sobre tipos que, por ejemplo, llevaban la pelota muy cerca. En eso se fijaba. Pedernera, que también, posiblemente, forma parte de la genealogía de Riquelme, decía 'el tipo que lleva la pelota muy cerca, la tiene que mirar. La tiene que mirar porque si no se la lleva por delante. Entonces, no ve a los compañeros'. Riquelme casi no mira la pelota. Pedernera decía que el tipo tenía que mirar lo menos posible la pelota, pero sí tenía que estar espiando todo el tiempo. Y uno lo ve a Riquelme que está todo el tiempo espiando la realidad".

El escritor Martín Kohan dice que se reserva el uso de la palabra *filosofía*, por ser excesiva, para describir el sistema de ideas de un jugador de fútbol, pero sí acuerda en que Riquelme posee una concepción del juego, un pensamiento, con todo lo que eso implica. Y agrega: "Entiende todo, lo individual, en relación con lo colectivo, la idea de manejar los tiempos, saber cambiar de ritmo o no, saber acelerar o no, la visión que tiene del conjunto. Conoce el lugar que tiene la utilidad o el desperdicio, sabe quiénes conocen el juego y quiénes no. Son variables que hacen que el fútbol no sea patear una pelota y nada más. Es indudable que hay sistemas enteros de pensamiento que se juegan en él".

Según la argumentación de Kohan, el conocimiento de Riquelme sobre el juego necesita ser un saber colectivo. O, en todo caso, con acciones cuyas consecuencias favorezcan al conjunto. Y elabora algunos conceptos más: "Son muy pocos jugadores los que tienen esa marca de entender las capacidades de los demás jugadores. Y pocos como él que además afectan, diría yo, a los otros diez. Pero la manera en que Riquelme da indicaciones dentro de la cancha, y ordena al equipo entero, y la manera en que se muestra, se tira atrás o no, se abre al costado o no, determina un saque de arco, o determina las funciones de los marcadores de punta. Él condiciona, en el mejor de los sentidos, al equipo entero. Pocos tienen esa capacidad de entender las funciones de todos, como si hubiese jugado en todos los puestos. La noción que él tiene del mediocampo suele tenerla solamente un número cinco. La noción que él tiene de cómo está parada una defensa suele tenerla solo el arquero o algunos líberos. Y la noción que tiene del frente de ataque suelen tenerla algunos diez. Pero él tiene todo. Por eso tiene también esa potestad, como pocos, de dar pases sin mirar y de cambiar de frente como cambia de frente. Por un lado, la precisión técnica de la pegada, pero además la conciencia de dónde están puestos todos. Sus compañeros y los rivales. Porque a menudo no precisa exactamente fijarse, y tampoco es algo del orden de la intuición. Es como si, recibiendo por izquierda, se diese cuenta de que, en su momento, había espacio para Julio Marchant por el otro lado. Y cambia. Eso es porque tiene la cancha entera en la cabeza".

Cachito Vigil establece más vínculos entre el pensamiento que tiene Riquelme sobre el juego y una mirada filosófica del mundo. Explica: "Desde mi óptica y con todo respeto, incursionando en un tema que me apasiona pero en el que no soy un experto (más bien soy un lector), puedo decir que la filosofía del pensamiento complejo, del francés Edgar Morin, se relaciona de una manera espectacular con el juego de Riquelme. El juego de Riquelme tiene, de los tres principios de Morin, al menos dos. La dualidad y la recursividad organizacional. No la organización como empresa, sino como un colectivo. Su juego tiene la dualidad del azar con lo previsible. Y el azar es algo que él se permite porque acepta la incertidumbre del juego, pero en el mismo momento lo está analizando. Es uno de los jugadores que más analiza el juego pero, a la vez, el que más freno le pone a su análisis cuando el análisis puede interrumpir lo creativo y el azar. Por eso, es un artista cognitivo. Yo creo que si Morin conociese a Riquelme, desde el juego, estaría contentísimo".

El analista Matías Manna se suma a la discusión con una paráfrasis sobre palabras que el entrenador español Juan Manuel Lillo pronunció acerca de unas ideas de otro director técnico, Oscar Cano: "Riquelme 'le roba el aura a los estudiosos que se pasan el día cuantificando, fragmentando y extrayendo datos bajo el escudo protector de los que ellos han bautizado ciencia'". Y continúa Manna: "Riquelme censura a los que se pasan los metódicos días aplicando en un balón la cuadratura del círculo y además pregonan haberla encontrado. Exhibe a los que siguen intentando poner a un rinoceronte en un estuche de reloj de pulsera. Ni bien nació, el juego de Riquelme descubrió esa imposibilidad. El juego de Riquelme desenmascara a los que continúan intentándolo".

Las palabras de Manna encuentran eco en una argumentación de Sergio Vigil, que retorna a la idea de recursividad organizacional del filósofo Edgar Morin. Dice Vigil: "Román es un jugador muy difícil de entrenar (estoy hablando siempre acerca del juego) cuando el director técnico ve el juego desde la receta. Y es muy fácil de entrenar cuando un entrenador se entrega al aprendizaje que pueda recibir de un jugador de esta magnitud. Riquelme es un jugador que hay que observar, hay que aprender y después de que aprendimos (y también aprehendimos) de todo lo que él desarrolla naturalmente en su juego, hay que poder darle disparadores y desafíos que lo habiliten para que él siga teniendo nuevos espacios y oportunidades de desarrollo de su naturaleza. Si uno piensa la vida como causa-efecto va a estar limitado en sus recursos hacia Román, y él va a estar limitado en su posibilidad de crecimiento y búsqueda permanente. Esto significa que la causa que se le da a Román no va a tener un efecto previsible. Es más, el efecto se puede disparar hacia cualquier lugar y hay que estar atento a dónde se dispara. Hay que estar atento para aprender. Y después de aprender de ese efecto, hay que provocarle una nueva causa que le dispare un nuevo efecto. Y así sucesivamente: esta es la recursividad. Entonces, ahí crecen ambos y crece el sistema".

Martín Kohan, por su parte, piensa en las relaciones del pensamiento futbolero de Riquelme con la literatura. Lo explica de este modo: "En un punto, Riquelme es Dios. No solo por el hábito que tenemos los hinchas de fútbol de apelar a la idolatría, sino por la manera en que solemos los profesores de literatura definir lo que es un narrador omnisciente. Cuando se enseña en el colegio secundario la cuestión del narrador omnisciente, la frase establecida para explicarlo es que 'es como si narrara Dios'. Esto, dicho en el sentido de que tenés un cuento, por ejemplo, con un único personaje, y el narrador sabe lo que ese personaje piensa. Y si tiene un secreto, el narrador sabe ese secreto que el personaje no le dijo a nadie. Solamente Dios puede hacer eso. Así que se trata del que tiene la visión de Dios, porque sabe y ve todo. Y Román sabe y ve todo".

A menudo se compara a algunos jugadores de fútbol con artistas o poetas. Es como si se quisiera asignar a un deportista unas virtudes en apariencia solo alcanzables por aquellos que dedican su vida a una expresión artística. En el caso de Riquelme, no son pocas las referencias al carácter artístico de su juego, o a la búsqueda estética que rige su modo de pensar la actividad. Por eso, no es ocioso preguntarse acerca de los alcances de la comparación entre el juego de Riquelme y el ámbito de acción de un poeta.

Dice Ariel Scher al respecto: "Riquelme es un jugador que pone en circulación una serie de ideas que a veces parecen extraviadas y a veces parecen definitivamente abandonadas. Y a veces vuelven, no de casualidad, en la historia del fútbol. Esas ideas tienen que ver con construir el juego con una cierta armonía. Se puede ser poeta de muchas maneras, pero siempre hay una búsqueda de un tipo de disonancia o de un tipo de consonancia, o de las dos cosas. Riquelme juega con una música determinada al fútbol. Así como hay reporteros gráficos que uno reconoce cuáles son sus fotos por el tipo de composición que tiene la foto, así como hay textos de poetas (o de quienes no son poetas pero escriben) en los que se encuentra una lógica narrativa, Riquelme es alguien preocupado por jugar al fútbol con una lógica armónica. Él tiene unas ideas de cómo jugar, tiene una destreza extraordinaria para ejecutar ese modelo, y logra que armonice. Inclusive cuando construye con otros que no necesariamente fueron a la misma escuela sinfónica. Pero es tan poderosa la capacidad de él de establecer que el fútbol suene con compases de él, con métricas de él, con cadencias de él, que me parece que eso lo puede hacer solo alguien que es un poeta. Por otro lado, la poesía es un suceso que está ligado al acto creativo. Y Riquelme es lo menos parecido a un jugador obligatorio, a un jugador burocrático. Es un jugador altamente involucrado en eso que cree que hay que hacer jugando, pero lo hace sugiriendo que dentro de esa métrica que él construye siempre hay alguna alegoría, alguna rima posible muy distintiva de él".

Para el filósofo Javier Brizuela, "el poeta y el artista se

recrean en su obra mientras la están componiendo, al margen del resultado final (mejor si es bueno, claro está)". Y subraya: "Algo parecido ocurría en Villarreal con Riquelme. Daba grandes pases y metía golazos de vez en cuando, pero, incluso cuando no tenía un buen día y su equipo perdía, siempre dejaba pinceladas (un control orientado, un regate en corto, un cambio de ritmo). Su fútbol era bello, tuviese o no un buen día. Además, mi sensación es que Riquelme jugaba por puro amor al juego. Esta parte es fundamental. No le interesaban tanto los títulos o la gloria como el sentirse a gusto en un equipo donde valorasen su estilo y su fútbol. Por eso ha estado tantos años en Boca; por eso triunfó en Europa con el Villarreal, un equipo modesto cuyo juego giraba en torno a su figura. La relación de altibajos que ha mantenido con la Selección Argentina también se enmarca en este contexto".

Juan Sasturain también piensa que el juego de Riquelme puede ser asimilado, a su modo, a un estado poético: "Román llega a construir un cierto grado de *artisticidad* en la cosa. Está toda la teoría de lo inmotivado. Es la idea de que el fútbol es una habilidad inmotivada. Eso de que jugar al fútbol no sirve para ninguna otra cosa. Una actividad contra natura, gratuita, el ejercicio libre de una disposición. Todo eso tiene en común con las actividades artísticas, y en particular con la poesía. Pero, además de eso, se trata de un juego. Por eso nos gusta tanto el fútbol".

Martín Kohan regresa a la idea de omnisciencia para analizar el modo de pensar el juego por parte de Riquelme. Dice: "Son traslaciones metafóricas, finalmente, pero la omnisciencia sería un elemento común con un escritor o un poeta. Como si fuese un narrador de los del siglo xix, los que sabían todo. Hay una cosa que un poco exageradamente dice un enemigo del fútbol, que es el escritor colombiano Fernando Vallejo. Dice algo totalmente caprichoso, y es que él solo escribe en primera persona, porque, ¿cómo puede saber él lo que está pensando otro? Desde luego es un razonamiento forzado, porque el que escribe un texto no es el autor, sino que uno inventa un narrador. Y el narrador sabe lo que vos decidís que sepa. Porque finalmente estás inventando todo. Y esa especie de utopía de poder saber también lo que les está pasando a los otros, algo de eso hay en Riquelme. En ese sentido, me parece que más que cualquier metáfora poética, hay un rasgo concreto que sí le corresponde, que es la omnisciencia. El tipo que sabe todo. Y parece saber, en un punto, lo que le está pasando a los demás también. Eso que Vallejo dice que no se puede, pero que sí se puede".

Para la periodista Sandra Suárez, "lo de Riquelme es natural. Un poeta no aprende a ser poeta obligándose a ello, sin tener algo dentro que lo impulse, lo mismo que un pintor; tiene un talento con el que nació. Verlo peinar la pelota, como si tuviera un imán en la pelota y otro en su pie, es algo hermoso".

Ariel Scher completa: "Todo el tiempo te da la sensación de que Riquelme es un profundo conocedor del juego (del propio, del juego en su comprensión) y que privilegia jugar por saber, por placer y por identidad, en esa comprensión. Pero además conoce otras comprensiones del juego y entonces por eso es también muy táctico. Dice 'este equipo funciona así, yo empujo para jugar por acá o por allá'. Ve todas las cosas. Los poetas no necesariamente tienen siempre un saber conceptual de la poesía, pero sí tienen algo que les hace eco como para tener una dinámica mejor para escribir.

El que escribe sabe que un texto se puede hacer de un millón de maneras, pero le suena que es por ahí y no por otro lado. Y con el entrenamiento a veces se mejora las maneras de explorar esa sensibilidad. Bueno, Riquelme tiene un concepto y una gran sensibilidad articulada que lo hacen construir el juego en esa dinámica".

Si el juego de Riquelme puede relacionarse con el arte, la filosofía y la literatura, todas esas vinculaciones necesitan, en cierto momento, tener un punto de apoyo en conceptos estrictamente futboleros. ¿Qué tipo de juego pregona Juan Román Riquelme? ¿Por qué elige unos caminos y no otros? ¿De qué modo articula su pensamiento sobre el juego con la práctica concreta en el campo?

En 2011, en una entrevista en el programa *Hablemos de fútbol*, Riquelme dio algunas definiciones al respecto. Dijo: "Si yo tengo la pelota y hay tres presionándome, hay dos jugadores míos que tienen que estar solos en algún lado. Porque ellos no juegan con trece o con catorce. Juegan con once. Entonces, tiene que haber dos míos que estén solos. El fútbol pasa por querer la pelota. En vez de dar un pase entre líneas, se piensa 'a ver si me la roban y quedo expuesto al contragolpe. Vamos a pegarle un pelotazo a la cabeza del nueve y vamos a la segunda pelota'. Se juega al error del contrario. O a aprovechar una pelota parada".

Ariel Scher da una respuesta posible a la cuestión: "Hasta los que hemos jugado en picados, o debajo de la autopista, sabemos que si la tenés es más difícil que te hagan goles. El Barcelona de Guardiola ha potenciado y multiplicado ese concepto, y Riquelme cree en eso. Concibe el fútbol así. Y además le parece *mejor* que el fútbol sea así. Te comunica la sensación de que al fútbol se puede jugar de muchas maneras, y parece respetuoso de esa cantidad de maneras y de las personas que las ejecutan, pero tiene una gran elección ideológica por ciertas maneras de jugar, que son maneras similares a las que usa el Barcelona. Por lo que hace Xavi, por lo que hace Iniesta. Él sabe que son los mejores".

Diego Markic, ayudante de campo de Rodolfo Arruabarrena en Boca Juniors, ofrece su punto de vista: "Uno acepta muchos pensamientos, comprende muchas formas de jugar, pero después cada uno elige qué le gusta. Y se gana de una y otra manera. Pero la línea que nos han bajado en divisiones inferiores de Argentinos Juniors y en los seleccionados juveniles ha sido la de tratar de ganar jugando bien. Román cree en eso. Que la forma más fácil de ganar es jugando bien".

Alejandro Dolina, por su parte, reflexiona: "A mí, hace ya algunos años, un famoso relator me dijo que lo que antes se llamaba 'la cortada', el pase entre líneas, no existía más en el fútbol. Eran tiempos de Marcelo Bielsa. Eran tiempos en los que la jugada preferida era el centro. El centro y el cabezazo. Bielsa tenía gran predicamento entre los periodistas (lo tiene todavía), y el juego de Bielsa era vertical, pero no en forma de pase entre líneas, sino, más bien, hacia adelante pero hacia los costados, o hacia adelante en forma de pelotazo frontal. Esa clase de juego tiene sus ventajas, tiene su interés. Si tenés lanzadores de mucha precisión, tipos que la vayan a buscar adelante, con buen control, que la bajen y tengan mucha corpulencia para aguantarla, por ahí te sirve. Es un juego más rústico, evidentemente, pero te sirve. Si a uno le gusta eso, está bien. Pero es una forma de fútbol de segundo orden, a mi juicio. Y entiendo que Román también piensa así. Lo que a él le gusta más, la lógica del buen juego, es ir llegando al gol de otra manera".

Para Sergio Vigil, "en Riquelme hay una forma de jugar que él siente. Es una forma de jugar en la que no le gusta jugar lindo, sino que le gusta jugar bien al fútbol. Cuando jugás bien al fútbol es lindo. Pero podés jugar lindo y no jugar bien. Ahí hay una diferencia. Jugar bien está relacionado con lo cognitivo. Si jugar lindo no te hace jugar bien, para mí Riquelme no compra. El juego lindo por sí solo, no. Debe estar asociado a un para qué, que tiene que ver con el resultado que produce. Él entiende que se puede jugar bien, el arte de jugar bien, si se piensa bien".

Ricardo Bochini, que jugó lindo y bien durante casi veinte años, opina: "Yo creo que todos disfrutamos de los buenos jugadores, no solo de Riquelme, sino cuando juegan bien Iniesta, Messi o Agüero. Son esos jugadores que uno ve y sabe que en ellos el fútbol es real. Porque para mí el fútbol real es ese, el de la gambeta, el de un pase gol, el de una pared, el de un gol bien definido. Todo eso, que para mí es lo más difícil, es lo que propone y piensa Riquelme".

Dolina agrega conceptos y pone en discusión la idea de *fútbol lírico*: "La comunidad periodística, muchos hinchas, muchas tías mías, disfrutan más de una cierta clase de jugadas. Son las que se ponen en los compilados de los programas de televisión. Chilenas, palomitas, tipos que se caen al suelo, patadas, esa exuberancia física que es probablemente lo peor que tiene el fútbol y es propia de un fútbol más bien rústico. Y también les gustan los jugadores muy evidentes, aquellos que la tiran para adelante y corren, se llevan por delante la siguiente fecha… esas cosas. Yo no puedo compartir ese gusto. Yo no creo que haya que llamar lírico al buen modo de jugar. El buen modo de jugar es una manera práctica, cerebral. Por el contrario, lo otro es más del corazón, lo otro es más de la pasión. El fútbol pasional, el fútbol de potrero, es el fútbol ordinario. Cuando hablan de que un jugador trae el potrero al fútbol profesional, si sigo la metáfora me imagino a un tipo que no se la pasa a nadie, o que va a jugar de lo que quiere, que juegan todos por el medio, y que la tiran a cualquier parte. El fútbol de potrero es desordenado y feo, muy feo de ver. El fútbol recién se pone lindo cuando se ordena. Ordenarse no quiere decir que los jugadores no se muevan, que jueguen al *catenaccio*, que sea una cosa mezquina. Por el contrario, el orden es lo contrario de la mezquindad. La mezquindad está en el desorden, en el tipo que no se la pasa a nadie, en el tipo cerrado. He jugado con miles de esos tipos, que agarran la pelota, salen corriendo para adelante, y no ven nada. Bueno, eso es el potrero. El fútbol bueno es aquel en el que alguien se pregunta, por ejemplo, 'si retrocedemos, ¿dónde nos damos vuelta?'. El fútbol de imágenes, de repentización, de tipos que a punta de corazón van hacia delante, es feísimo".

En la mencionada entrevista para un canal de televisión, Riquelme había dicho: "Por ahí todos dirán que yo estoy loco. Yo solamente digo lo que veo. Para mí, jugar la pelota segura no es tirar la pelota al nueve. Y hoy en día la mayoría dice eso. 'Vamos a asegurarla, tirémosela al nueve a la cabeza'. Y, para mí, segura es dársela al compañero. Al fútbol se juega con una sola pelota, y si la tengo yo el otro no me puede hacer un gol. Es mi manera de ver el fútbol. Por lo menos hay que tener la intención de pasarle la pelota al compañero".

Sobre esas palabras, Fernando Signorini recuerda: "En la película *Expreso de medianoche* hay un momento en que al tipo lo llevan al psiquiátrico que tienen en el sótano del hospital. Y hay una columna. Están todos los enfermos mentales dando vueltas en el sentido de las agujas del reloj. Y él empieza a dar vueltas al revés. Y los tipos lo empujan para que él gire alrededor de la columna en el mismo sentido que ellos. Había uno que era filósofo, que también estaba internado, que se le acerca y le dice 'tenés que dar vuelta para el otro lado porque van a pensar que estás loco'. No, los locos eran los otros. Yo creo que hoy los locos son los demás, y Riquelme es realmente el que está cuerdo".

5

El caño

Hasta donde alcanza la vista, aquí reina el instante.
Uno de esos terrenales instantes
a los que se pide que duren.
Wisława Szymborska

Hay un momento en el que el universo se detiene. El tiempo y el espacio no existen. Son pura abstracción, pura materia ficcional. Opera una suspensión. No hay sonido, ni nada. Lo único que hay es ese no tiempo, ese no espacio, ese silencio que lo abarca todo. Un instante. Un instante que dura para siempre y que, al mismo tiempo, ya ha muerto.

Un segundo después, el sonido, el tiempo y el espacio han regresado. Un murmullo, que dura menos que un instante, se convierte en grito unánime. La pelota corre. Juan Román Riquelme acaba de hacer el caño más bello del mundo.

El 24 de mayo de 2000 se jugó la revancha por los cuartos de final de la Copa Libertadores. Boca Juniors debía ganarle a River Plate para clasificar a las semifinales. Una semana antes, el equipo entonces dirigido por Américo Gallego había ganado dos a uno. El gol de Boca lo había convertido, de tiro libre, Riquelme.

El partido de vuelta, hasta los catorce minutos del segundo tiempo, seguía empatado en cero. Boca se estaba quedando fuera de la copa. Entonces Riquelme dibujó una asistencia cruzada que terminó en gol de Marcelo Delgado. Uno a cero para Boca, y faltaba media hora. La serie estaba empatada.

En el minuto treinta y ocho, una jugada diseñada por Riquelme terminó en penal contra Sebastián Battaglia. Gol del número diez, y, ahora sí, Boca estaba a punto de ser semifinalista. Desde ese momento, la tendencia del partido se acentuó. Todo el juego pasó, cada vez más, por los botines de Riquelme. Fueron minutos en los que escribió todo un manual de cómo demorar el tiempo sin ninguna artimaña. Fue un puro devenir, un puro pisar la pelota y tocarla para que el tiempo corriera a su antojo. La expresión máxima de ese estado de cosas llegó en el minuto cuarenta y cuatro. Cuando River más necesitaba acercarse al arco rival, cuando llegaban pelotazos al área de Boca, cuando los nervios podían hacer mella en los dos equipos, había un jugador que estaba muy tranquilo. Un rechazo cayó en la mitad de la cancha. Riquelme, entonces, hizo que el instante siguiente fuera eterno.

Las características del caño a Mario Yepes pueden engañar. Riquelme tomó la pelota contra la raya del lateral derecho, y, cuando el defensor colombiano se acercó para marcarlo, de espaldas y con la suela del pie movió el balón hacia el campo de River. La pelota pasó entre las piernas del marcador, y el mediocampista se la llevó hacia el centro. Ahí parecía perderla, pero la recuperó y volvió a superar a Yepes, esta vez por el costado. Con la cancha de frente, la retuvo unos metros más, y unos segundos después se le fue por el lateral, casi en el fondo de la cancha. La jugada completa duró unos veinticinco segundos.

Si se mira en cámara lenta, el caño a Yepes tiene cuatro partes. En primer lugar, el control, muy preciso. La pelota viene un poco revoleada, un poco indomable, y él la acomoda con un solo toque, en beneficio de su propia posición. La segunda parte es una pisada hacia su campo, que le da los centímetros y el tiempo necesario para que Yepes abra las piernas. El tercer movimiento es el de una nueva pisada, casi imperceptible, que fija la pelota al suelo por una milésima de segundo. En cuarto lugar aparece una pisada más, continuidad de la anterior, que termina en caño. En verdad, la jugada incluye una quinta parte. Es su giro, por fuera de la cancha, para llevarse la pelota. Y luego sigue.

Jorge Bermúdez y Rodolfo Arruabarrena, dos jugadores que eran parte del equipo de Boca esa noche, cuentan sus impresiones sobre el partido. Comienza Bermúdez: "Recuerdo la garra y la actitud que tuvo el equipo. Y Román estuvo a la altura. La jugada del caño es una jugada que sale por sí sola, que sale debido a la necesidad del defensor de salir a presionar muy lejos. Yepes es un gran jugador, un virtuoso, y el caño quedó en la retina y en la historia para mucha gente". Arruabarrena agrega: "Boca participaba de una Copa Libertadores después de mucho tiempo. El equipo ya era un equipo sólido, y se veía que se podía lograr algo. Pero era el clásico rival, en una instancia importante, con mucha presión. Viene el gol del *Chelo*, el penal, y ahí sí uno veía que se daba para nuestro lado. Por lo que había demostrado Boca y por cómo estaba River en ese momento". Bermúdez completa sus sensaciones: "Tengo en mi mente la importancia de ese triunfo, por lo que era River en ese momento, y por el nivel que tuvo cada uno de nosotros. Cuando me hablan de ese partido siempre recuerdo lo que fue el trabajo colectivo. Costó porque por delante había un gran equipo, pero se hizo posible por el trabajo de todos. Ahí entra un Román virtuoso, claro, categórico, soltando la pelota justa en el momento en que se necesitó, inclusive compartiendo la responsabilidad al momento de recuperarla. Es algo que muy pocas veces se le reconoce, porque Román siempre cumplió una labor de recuperación y nos ayudaba mucho. Recuerdo la responsabilidad que tuvo Román de guiar nuestro ataque y de darle el estilo que mereció los tres goles". Y concluye Arruabarrena: "Esa eliminatoria fue particular, y con los años uno va conociendo pequeños detalles. Del otro lado, estaba Alejandro Richino, que era médico y fisioterapeuta de River. Él tenía una muy buena relación con Román, y la sigue teniendo. Román, después del primer partido, terminó con un golpe importante en el tobillo. Y a Román lo atendió él. Lo mejoró él, lo curó él, y el *Tolo* sabía de esa circunstancia. Román era un pibe pero ya mostraba su personalidad, y nuestro juego se basaba en él, más la contundencia de los delanteros. Pero el juego lo generaba Román".

El caño suele considerarse un lujo, y una jugada individual. Pero, a veces, tiene un sentido que excede lo estético. En el partido ante River, Boca estaba clasificando a las semifinales del torneo internacional después de nueve años, y necesitaba cuidar la pelota para sostener el resultado y desgastar el resto anímico del rival. En ese contexto, una jugada como la de Riquelme no tiene nada de lujoso. Fue, en todo caso, una demostración de la infinita variedad de recursos del jugador para hacer que el equipo que pierde entre, cada vez más, en un nerviosismo creciente. Esa noche, Boca ganó tres a cero, y se ubicó entre los cuatro mejores equipos del continente. Luego sería, por dos años consecutivos y con Riquelme como estandarte, el mejor.

En su libro *Boquita*, escribió Martín Caparrós: "Esa noche Riquelme era arte premoderno: pisadas, amasadas, amagues, más amagues, toques. En un momento se llevó a Yepes contra la raya derecha, cerca de mediacancha, y lo retó a que se la sacara; Yepes se le fue al humo. Román, de espaldas, la pisó para atrás y se la hizo pasar entre las piernas: puro placer, el caño más coreado de la historia".

El periodista Juan José Panno incluyó la escena del caño en su libro *Diccionario fóbal club*, como ejemplo de la palabra "túnel".

El 26 de junio de 2000 nació un potrillo que, al convertirse en caballo de carreras, fue bautizado *Caño a Yepes*.

El artista plástico Leonardo Rossi hizo una escultura con corcho, alambre y chapitas de bebidas, en homenaje al caño. La llamó *El Torero*.

En Veracruz, México, el restaurante de un argentino se llama *El último diez*. Todo el menú tiene nombres alusivos a Riquelme. La carta incluye el postre *Caño a Yepes*.

En febrero de 2013 el diario deportivo español *Marca* hizo

una encuesta entre sus lectores para elegir "el caño más espectacular de los últimos años". Con el treinta y cinco por ciento, el ganador fue el caño de Riquelme a Mario Yepes. En el quinto lugar también quedó un caño suyo. Fue en 1998, a Charles Pérez, jugador de Rosario Central.

Sobre el caño, Riquelme dijo: "En esa jugada tiene más mérito Yepes que yo. Cualquier jugador hubiese pegado una patada. Pero él me ha seguido hasta el corner y no ha hecho nada. Creo que eso es más de hombre que haber tirado un caño en ese partido".

El caño pone en circulación toda una serie de conceptos propios de Riquelme y de un modo de entender el juego. Dice Martín Kohan: "Junto con el penal que Roma le ataja a Delem en 1962, el caño a Yepes es, de las jugadas que no fueron gol, la más memorable de la historia de Boca". Y agrega: "no es que Riquelme viene con pelota dominada y la cabeza levantada y entonces mete un caño. Está de espaldas, encerrado contra la línea, cubriendo la pelota. De ahí sale la pisada y el caño. No había otra manera de salir. Tiene que ver con su manejo de los tiempos y con su omnisciencia. Es como si supiera qué le pasa al contrario. Nueve de cada diez jugadores que se morfan un caño, después pegan. Casi es un reflejo. Y Yepes no lo baja. Riquelme elogió eso. Pero yo creo que Yepes no le pega porque está demasiado humillado como para pegar. Es, también, un manejo de los tiempos y de los estados de ánimo extraordinario. Porque al final la pelota se va al lateral, y la cancha se levanta. Y River se desmorona".

Antonio García Ameijenda da su punto de vista: "Hay jugadas que estéticamente son espectaculares. ¿A quién no le gusta ver un sombrero, o un caño? Román hace el lujo cuando la jugada lo obliga a hacerlo, pero él no busca hacer un lujo. Yo estuve en la cancha ese día, y esa era la única salida que tenía. Porque, si no, perdía la pelota. Él lo está esperando a Yepes, y sabe que viene atrás. En ese caso el defensor, cuando va a encimar al que lleva la pelota, se abre de piernas. Porque, si no, sigue de largo. Y cuando Riquelme lo siente encima, tac, se la tira. Todo muy pensado". García Ameijenda, además, analiza las implicancias de esa jugada en el momento en que ocurre: "River lo estaba apretando, y en ese momento ese es un modo de tener la pelota. En vez de tirarla para atrás, que está el riesgo de que alguna pierna se cruce y se la anticipen, o en lugar de dársela a un defensor que la termine reventando, él decide intentar una jugada genial, y la lleva hasta el banderín del corner".

Para Ariel Scher, el caño, en las circunstancias en que se concretó, significa mucho más que lo que parece a simple vista: "En esa circunstancia específica, era la única jugada que le quedaba. Riquelme, que sabe mucho del juego, sabe que pasarlo a Yepes es muy difícil, porque es un defensor de altísimo nivel, y encima estaba contra la raya. Hay dos cosas: una es conceptual. Él dice 'bueno, si nosotros la tenemos, y lo más lejos posible de nuestro arco, estamos más cerca de ganar el partido'. Lo conceptual es eso. Lo ideológico es que hay cosas que el tipo no se puede, en general, permitir. Riquelme es un jugador que ha devuelto muy pocas de las patadas que le han pegado. Es un jugador, desde los paradigmas clásicos de cómo se analiza el fútbol, correctísimo. Eso tiene que ver con una cosa ideológica. Estamos analizando su construcción como jugador, y en esa concepción, en sus reglas del juego, en general no vale tirarla de puntín a la tribuna para hacer tiempo. Todos, a veces, en algún lugar, transgredimos alguna cosa de nuestros valores. Quizás él alguna vez hizo algo que exceda su ideología, pero yo no lo recuerdo".

Martín Vassallo Argüello relaciona el caño con el conocimiento del juego, una capacidad que puede estar al margen de la virtud técnica para ejecutar lo que el jugador ha pensado. Explica: "Hay que saber mucho del juego para que la mayor cantidad del tiempo posible te puedas mover dentro de una estructura, dentro de un esquema que no te obligue a estar, en cada pelota que tocás, improvisando algo genial. Porque eso tiene mucho desgaste, porque no siempre se puede confiar en eso y porque no siempre sirve. Riquelme tirándole el caño a Yepes, parado en la boca del área, quizás no hubiera sido una jugada efectiva. También, hay una relación con el otro. Él en esa jugada tiene que haber medido a qué velocidad venía Yepes, con qué desesperación, qué era lo que Yepes iba a cubrir primero, qué estaba esperando que él hiciera. Pasan un montón de cosas alrededor del caño a Yepes, y por eso no es una jugada aislada. Esa inteligencia emocional es la que hace grandes a ciertos jugadores".

Sergio *Cachito* Vigil reflexiona en un sentido similar: "Él leyó que esa era la mejor opción. Friedrich Nietzsche decía que 'si tenés claro el para qué, el cómo siempre se encuentra'. Eso, en el juego, Riquelme lo tiene siempre. Generalmente, cuando él hizo ese tipo de jugadas debilitó al rival pero no generó ganas de correrlo diez metros y pegarle una patada. Porque te la hace con cara de póquer. Y él no te hace el caño y se termina la jugada. Él tiró el caño para seguir la jugada. Quizás haya deportistas que, para sentirse bien y ser aplaudidos, tiran un caño. Ahí se terminó y no pasó nada después. Pero Riquelme realiza esa acción y sabe que de esa acción puede venir una jugada posterior. Esa es la diferencia de hacer un caño o de utilizar un caño, en esa dualidad. En primera instancia, continuó la acción y encima terminó debilitando al rival. ¿El jugador piensa todo eso? Cuando hay un aprendizaje ya instaurado y es parte de uno, se actúa inconscientemente. Esto es como el manejo. Cuando vos tenés la competencia de manejo es una competencia inconsciente. Ya pasaste por la competencia consciente que es cuando vos estás pendiente de aprenderlo. 'Subo el acelerador, aprieto el acelerador, suelto el embrague, paso el cambio, escucho el motor, miro por el espejito'. Cuando ya tenés la competencia del manejo, todo eso lo hacés inconsciente. Cuando vos ya tenés la competencia del juego, esas acciones fluyen. En su mapa, hay un abanico muy grande de posibilidades. Riquelme se la pasa pensando, y no da puntada sin hilo".

Para Juan Sasturain, "ese caño es la reivindicación de un modo de jugar". Y agrega: "Hoy, en cierta mirada del fútbol, se considera a la gambeta, o las muestras de habilidad, como un adorno, como un moño, o como un riesgo en balde, y no es así. La gambeta no complica, sino que simplifica. Saca un rival. En el caso de Román, la habilidad siempre ha sido funcional, nunca ha sido otra cosa más que funcional. Para limpiar el camino, para dejar jugadores fuera. No es necesariamente el último recurso. Es un recurso que puede ser el primero". Las palabras de Sasturain recuerdan a las de Jorge Valdano en el libro *Sueños de fútbol*, donde dice: "Amagar es estafar con elegancia (...). Se le da al marcador una información equivocada y el éxito depende de que la crea. Lo demás consiste en ponerse de acuerdo con el balón para huir juntos. La víctima queda atrás con el dolor del vencido y la humillación del timado. Otra vez será, muñeco". Sasturain completa: "Hoy en día hay jugadores que no amagan. Román amaga absolutamente siempre. No tenés la certeza de que va a jugar de primera. Eso es maravilloso. Y, hoy, eso es muy raro. No se privilegia el destino de la pelota, y falta tiempo para pensar. Para mí, el amague no es una demora, sino todo lo contrario. Es cambiar lo previsible".

Por su parte, Fernando Signorini recuerda: "una vez le dije a Román que él tendría que usar dos o tres momentos del partido para hacer una jugada que fuera inolvidable. 'Porque tenés recursos para hacerlo', le dije. El caño a Yepes, el caño a Pérez, eso que de pronto puede parecer un recurso para lucirse. Sí, pero también se luce el espectáculo".

En su libro *Me gusta el fútbol*, Johan Cruyff reflexionó: "Actualmente hay pocos jugadores de gran calidad. En mi opinión, el problema radica en que, como ya he dicho antes, hay poca técnica pero, además, existe muy poco amor al arte. Muchos parecen obsesionados por convencernos que todo está en un libro. Cómo tienes que correr para entrar y saltar, cómo tienes que replegarte, controlar, lanzar una falta o un saque de esquina. Pues yo me rebelo contra ese manual de instrucciones para futbolistas porque creo que cada individuo es diferente y, por lo tanto, tiene algo diferente. La base de todo radica en que los niños disfruten jugando al fútbol, no en que lo aborrezcan, y ver la calidad de ese niño que puede llegar a lo más alto como una inversión de futuro, como la posibilidad de poder disfrutarla más adelante".

Fernando Signorini agrega una reflexión acerca de la belleza en el fútbol en tanto espectáculo: "Alguien dirá que un caño no sirve para nada. Pero tampoco sirve para nada pegarle de puntín para arriba, y lo hacen a cada rato. Entre una cosa absolutamente vulgar e improductiva, prefiero una jugada improductiva pero que llene los ojos. El caño a Yepes no terminó en gol, pero, ¿quién se lo olvida? Los mejores goles de la historia han quedado porque los tipos hacen cosas absolutamente inesperadas y bellas. Es lo que diferencia a los genios, esa jugada que se le ocurre a un tipo en un segundo con mil pulsaciones por minuto".

Y el universo se detiene y un jugador hace un caño y la belleza del juego vive y sobrevive y nos cambia la vida para siempre.

6

Una belleza posible

—Mire: yo nunca entendí por qué a los técnicos no les gusta su estilo. Riquelme ha tenido problemas con Pellegrini, con el holandés, después con Maradona, y ahora, otra vez, en Boca. Yo creí que Falcioni lo pondría de titular, y de pronto me entero que no. Es extraño. Riquelme no debería motivar esa discusión.

—Acaso no sea un hombre fácil de tratar. Y hay técnicos que no querrán desequilibrar el ánimo de un plantel por un solo jugador. El fútbol no es solamente el juego.

—Sí, pero yo hablo de juego. Hablemos de juego. ¿No hay que poner a los mejores? ¿Y Riquelme qué es? Yo me identifico con él. Usted ve, encima, hacia dónde va el fútbol (...). Los técnicos hacen desaparecer a los habilidosos porque quieren jugadores que se tiren contra la pared. Ahora, de repente, hay que tirarse contra la pared. Disculpen, pero yo no lo entiendo. No lo puedo entender (...). Esto es un espectáculo, amigo; si no jugamos para eso, ¿para qué jugamos? Yo tengo a

Riquelme, ¿cómo no voy a ponerlo? Y si no te gusta Riquelme,
bueno, entonces no te gusta el fútbol.

Fragmento de diálogo entre Carlos Valderrama
y el periodista Ignacio Fusco
Diario Olé, 20 de marzo de 2011

Una leyenda no comprobada dice que un diario inglés, luego del triunfo cuatro a uno de Brasil sobre Italia en la final
de la Copa del Mundo de 1970, tituló: "Debería estar prohi-
bido un fútbol tan bello". En el último gol, nueve jugadores tocaron la pelota en un total de veinticinco segundos,
hasta que Carlos Alberto, lateral derecho, convirtió con un
tiro cruzado. Se trata, con mucha probabilidad, de uno de
los goles más bellos de todos los tiempos. La jugada incluyó
pases cortos, gambetas, amagues, un pase largo y paralelo
al lateral, un enganche hacia adentro y, sobre todo, una asistencia inolvidable. Pelé, después de que siete de sus compañeros dieran una clase combinada de juego colectivo y
talento individual, recibió la pelota cerca de la medialuna
del área. La controló con el pie derecho, volvió a acomodar-
la con su pierna hábil, la movió una tercera vez, pero con
el pie izquierdo, y, ahí sí, habilitó hacia el costado derecho
a Carlos Alberto. La precisión del pase fue tal que su compañero, que venía corriendo desde quién sabe cuántos metros por ese lateral, llegó al lugar correcto en el momento
exacto, y sin detenerse ni apurarse pudo patear al arco. Si
la asistencia de Pelé fue brillante por ese microsegundo que
usó para pensar y para pasar la pelota al mejor lugar posible
para las virtudes de su compañero, lo fue más aun porque

mejoró una jugada colectiva que ya era perfecta desde el comienzo.

Ese equipo era la belleza en su expresión máxima. Jugaba, como se sabe, con cinco números diez. No solo eran cinco, sino que eran todos de un nivel superlativo: Rivelino, Gerson, Jairzinho, Tostão y Pelé. Aunque, como muestra de modo inequívoco ese último gol del torneo, el diez entre los diez era Pelé, los otros cuatro fueron grandísimas figuras del Mundial. Se combinaron a la perfección durante todo el torneo y no tuvieron rival que pudiera hacerles frente. Es decir, el fútbol más bello del mundo había tenido una eficacia inobjetable.

Algo similar puede decirse del Fútbol Club Barcelona de los últimos años. Sobre todo, de la etapa en que el entrenador fue Josep Guardiola. El equipo ganó catorce títulos en cuatro temporadas (es decir, para el más recio resultadismo, ese Barça fue un equipo sumamente eficaz), incluyendo dos Ligas de Campeones y dos Mundiales de Clubes. Pero esa cuenta, esa simple estadística, no alcanza a expresar con claridad el nivel de belleza al que llegó el conjunto. Mientras cierto periodismo insistía en denominar como *solidario* a cualquier equipo que corriese todo el partido para recuperar la pelota, el Barcelona de Guardiola era el más solidario de todos. Siempre, siempre, el jugador que recibía la pelota tenía tres, o cuatro, o cinco opciones de pase. Y siempre, siempre, la decisión que tomaran los portadores del balón buscaba ser la mejor posible para las virtudes del compañero que iba a recibir. Una muestra clara del mecanismo fue el partido en que el equipo catalán venció en su casa por cinco a cero al Real Madrid dirigido por José Mourinho. En los primeros minutos, el encuentro era incómodo para los de *Pep*.

El rival presionaba en todos los sectores, y Barcelona tendía a impacientarse. Hasta que Xavi Hernández decidió cortar con las imprecisiones. Pasó la pelota a Sergio Busquets a una distancia de menos de dos metros. La pidió de nuevo, y volvió a pasarla al volante central. En unos pocos segundos, esos dos jugadores se habían pasado el balón unas diez veces. Luego se sumaron otros. Y el toque nunca terminó. Si uno no revisara las imágenes del partido, daría la impresión de que Real Madrid no llegó a controlar la pelota hasta que el árbitro decidió que ya se habían cumplido los noventa minutos de esa milonga.

Y, sin embargo, había quienes deseaban con todas su fuerzas que ese equipo empezara a perder. Era difícil de aceptar que tantos resultados, tanta pretendida eficacia, llegaran por mérito de una búsqueda en apariencia tan estéril. La búsqueda de la belleza. En su libro *Pep Guardiola, la biografía. Otra manera de ganar*, el periodista Guillem Balagué recuperó una frase de David Trueba, en la que el escritor y cineasta decía: "A Guardiola le gusta mucho el fútbol. Y ganar, porque en eso consiste el juego. Pero hacerlo dignificando la propuesta". En 1967, Dante Panzeri había escrito en su tan citado y poco leído libro *Fútbol. Dinámica de lo impensado*: "Lo que hace imposible determinar con toda exactitud si la belleza del fútbol reside en *ver ganar* o reside en *ver jugar* es que el fútbol sin pasión no sería un juego emotivo; y el fútbol jugado solamente para un resultado es habitualmente un juego sin emotividad, que mantiene en silencio y quietud a las tribunas (...). Lo único cierto es que el fútbol totalmente logrado solamente es aquel que proporciona la victoria asociada a lo bello de lo que es ingenioso como juego".

Si la discusión sobre la belleza en el juego tiene tantos años como el fútbol mismo, la idea de intentar ganar *como sea*, o *a cualquier precio* no es necesariamente más joven. Los casos a lo largo de la historia del deporte son múltiples. En Argentina, el Racing Club de Juan José Pizzuti y el Estudiantes dirigido por Osvaldo Zubeldía son algunos ejemplos. En Europa, los equipos del *catenaccio* italiano, pero también los dirigidos por el ruso Viktor Maslov, inventor de la idea de *pressing* y supuesto padre del "fútbol moderno".

En el prólogo a su libro *La pirámide invertida*, el británico Jonathan Wilson pone en perspectiva la discusión. Escribe: "No creo que haya una forma 'correcta' de jugar al fútbol. Sí, desde un punto de vista emotivo y estético, me gusta más el fútbol de pases del Arsenal de Arsène Wenger que el pragmatismo del Chelsea de José Mourinho, pero esa es una preferencia personal; no quiere decir que para mí un estilo sea bueno y el otro malo". Luego, Wilson dice que es necesario establecer compromisos entre los aspectos teóricos del juego y su puesta en práctica. Y admite que no es fácil aceptar que la manera más "correcta" de jugar pueda ser, a menudo, la que hace que se gane con mayor frecuencia. Sobre todo, porque hay ejemplos históricos que demuestran que han obtenido resultados tanto los equipos más pragmáticos y mezquinos como los más generosos con el espectáculo. Concluye Wilson: "Solo un resultadista extremo diría que el éxito se mide exclusivamente en puntos y en campeonatos ganados; todos tenemos un corazoncito romántico. Esa tensión entre la belleza y el cinismo, entre el fútbol arte y el fútbol de la eficacia, es una constante, quizás porque es algo fundamental, no solo en los deportes sino también en la vida: ¿ganar o jugar bien? Es difícil pensar en una acción significativa que no sea de algún modo el resultado de una negociación entre el pragmatismo y el idealismo".

La cuestión, entonces, termina siendo cuál es la vereda por la que cada uno desea caminar. El filósofo holandés Johan Huizinga, en su libro *Homo ludens*, de 1938, escribe: "Si, por lo tanto, no podemos hacer coincidir, sin más, el juego con lo verdadero ni tampoco con lo bueno, ¿caerá, acaso, en el dominio estético? Aquí nuestro juicio comienza a vacilar. La cualidad de 'ser bello' no es inherente al juego como tal, pero este propende a hacerse acompañar de toda clase de elementos de belleza. Ya en las formas más primitivas del juego se engarzan, desde un principio, la alegría y la gracia. La belleza del cuerpo humano en movimiento encuentra su expresión más bella en el juego. En sus formas más desarrolladas este se halla impregnado de ritmo y armonía, que son los dones más nobles de la facultad de percepción estética con que el hombre está agraciado. Múltiples y estrechos vínculos enlazan el juego a la belleza".

El planteo de Huizinga encuentra eco en palabras del filósofo e investigador del CONICET Lucas Álvarez, que explica: "En la Grecia antigua (allí donde, quizás, se institucionaliza por vez primera el deporte) y más precisamente en la Atenas del siglo VI a.C., la educación era más deportiva que intelectual (esto lo sostiene un gran estudioso de la educación griega como Henri-Irénée Marrou). Y, en este sentido, el ideal que caracterizaba a esa educación era la *kalokagathía*. ¿Qué significa esto? *Kalós* se refiere a la belleza y *agathós* se refiere al aspecto moral. Por lo tanto, en ese estadio de la educación griega se perseguía un ideal que unía lo bello y lo bueno en el cuerpo de un ciudadano, en el cuerpo de un atleta. En el contexto ateniense del siglo VI, el *kalós-kagathós* es ante todo un deportista. La educación tiende a formar el cuerpo y el carácter moral en simultáneo. De hecho, en la Atenas clásica la cuestión de cómo aparecer ante el otro, de cómo mostrarse, no solo era una cuestión de carácter estético, sino que implicaba valores éticos. Regían reglas estrictas sobre el caminar, el pararse, sobre las prendas, sobre la posición y movimiento de los brazos y la cabeza, sobre los estilos de pelo y barba, sobre los movimientos oculares, sobre el volumen y la modulación de la voz. Esos griegos bien podrían decir: 'dime cómo caminas y te diré quién eres'. El cuerpo era el soporte tanto de la belleza y la fealdad, como de la justicia e injusticia de un ciudadano".

Son conocidas las frases de Jorge Valdano recuperadas en el libro *Sueños de fútbol*, de los hermanos que firman con el nombre de Carmelo Martín. Por ejemplo: "Algunos dirán que en fútbol solo interesa ganar y otros, más cándidos, seguiremos pensando que si esto es un espectáculo también importa gustar". O: "Jugar bien es útil: se ganan partidos y se ganan títulos". Y luego: "Ganar queremos todos, pero solo los mediocres no aspiran a la belleza".

El artista Alejandro Dolina se involucra en el debate, y dice: "Los tipos creen que el fútbol bien jugado es algo que no sirve para nada. Lo que no sirve para nada es que la pelota caiga en pies de los contrarios. Pero si con un taco, con un caño o con una pisada vos conseguís hacerle daño al rival, eso ni siquiera es un lujo. Es un recurso fino, inteligente, para ir adelante. Y es cierto, además, que por cada lujo que no fructifica hay ciento catorce jugadas de tipos que le pegan para arriba a ver qué pasa. Eso nadie lo dice. Dicen 'despeja Fulano'. No dicen 'la *bartolea* Fulano'. El tipo que estando tranquilo en defensa toma la decisión de tirar un pelotazo (y esto sucede una vez por minuto) está eligiendo una manera de jugar. Está diciendo 'aquí estoy yo, y soy un tronco'".

Para Jorge Bermúdez, la idea de belleza puede ser muy distinta de acuerdo a la mirada de una u otra persona. A algunas personas puede conmoverlas un caño, pero a otras puede generarles placer un jugador que se tira al piso para recuperar la pelota. De lo que no tiene duda Bermúdez es del lugar que ocupa Juan Román Riquelme en la discusión: "Román hace del fútbol una expresión que es como un arte. Las virtudes técnicas de Román y las condiciones innatas de su fútbol hacen que sea vistoso, que sea lindo verlo, que sea agradable al ojo de aquel que disfruta de un juego con la pelota en el piso, con cabeza levantada, con manejos de tiempos y distancias. En él se puede depositar la confianza de una identidad, de un criterio de juego. Pero no solamente es que sea lindo, que sea bello, sino que es un jugador que sabe ganar, que la tiene clara a la hora de echarse un equipo al hombro, de asumir retos. Eso es una constante de muy pocos".

Pablo Aimar opina de una manera similar. Y, de algún modo, recupera los conceptos que aparecen en el prólogo del libro de Jonathan Wilson. Dice: "No sabemos qué es mejor. Hay gente a la que le gusta la película *Transformers 5* y no le gusta, qué sé yo, una película de cine arte. A la primera tal vez la ve mucha más gente. Pero sí sé qué me parece a mí más lindo de ver. A mí me gustan más los equipos que juegan con la pelota, que tienen mucha posesión, que cuando la pierden todos se acomodan y todos presionan. Y me gustan los tipos que tienen esa idea de que hay una sola pelota y de que si la tenemos nosotros no la tienen los otros. Me gusta eso. Me gusta ver un equipo que haga eso y no tanto un equipo que defienda con diez jugadores y salga de contra. Y yo he jugado en un equipo campeón en España que hacía eso. Nosotros defendíamos todos y salíamos de contraataque. Hacíamos un gol y después ya era muy difícil que nos empataran. Y así hemos ganado dos ligas. El tema es no ser ventajista, y no decir, el día que gana un título un equipo que juega con cinco defensores, '¿viste? Eso es el fútbol, así se juega'".

Para el escritor Juan Sasturain, "lo que transmite Román es tan valioso como poco actual. Es absolutamente contra corriente de lo que se piensa, de lo que se siente y de lo que se valora en este momento en el fútbol argentino. Es un fútbol cínico, un fútbol feo, un fútbol que va a contramano de lo que es la paulatina recuperación del juego en todos lados en el mundo. La contraposición entre jugar bien y ganar, todas esas falsas paradojas, son imbecilidades del resultadismo. Como si alguien jugara para no ganar. El fútbol consiste en jugar en competencia. Román es un gran jugador y por lo tanto es un notable competidor". Carlos Balcaza, desde su lugar de entrenador de jóvenes, da su punto de vista: "Yo no sé si hay jugadores como Román en el fútbol actual. Al jugador se lo tiene muy preocupado por recuperar la pelota, pero cuando la recuperan no saben qué hacer con ella. Y cada vez se juega peor. Eso hace que no solo se pierda eficacia, sino también belleza. Se pierde de vista que este deporte es, de alguna manera, un arte. En el juego de Román, la belleza y la eficacia van de la mano".

La entrenadora Mónica Santino analiza: "Al fútbol queremos ganar todos, nadie entra a la cancha para perder. Y tampoco una entraba al campo para después decir 'tiré cincuenta caños y no metí ningún gol. Me voy contenta'. No. Eso no es verdad. Sí es cierto que en la actualidad el discurso es resultadista. El fútbol profesional, en ese punto, es desesperante. Como que si no ganás no servís. A eso no adhiero. Voy a adherir al equipo que tenga una línea de juego, que se acerque más a lo bello, a lo que a todos nos gusta del fútbol. Y que además quiera ganar. Pero ganar como sea, no". Para la periodista Sandra Suárez es posible disfrutar "del fútbol bello y sin eficacia, perfecto para saborearlo, pero también hay mucho sufrimiento involucrado porque uno en el fondo siempre quiere ganar. Hace parte del juego, o si no, tendríamos que quitar los arcos".

Matías Manna, autor de *Paradigma Guardiola*, va más allá en el debate. Dice: "Desterraría la palabra eficacia. A un compañero de equipo de trabajo no lo calificaría nunca por si es eficaz o no. Lo calificaría si ayuda, potencia o perjudica a que un grupo llegue a cumplir su objetivo. Si decimos 'el juego de Riquelme no es eficaz' es porque tenemos otra idea de grupo, lo fracturamos y lo medimos individualmente. No entendemos eso de que el todo es más que la suma de las partes. Creo que el juego de Riquelme podría multiplicar esas partes, no solamente sumarlas, con sus intervenciones multiplicarlas para llegar a un todo multi-multiplicado. Pero, para eso, se debe gestionar de una forma donde la multiplicación sea posible".

La belleza es motivo de estudio por parte de la filosofía desde hace siglos. Los ideales estéticos han ido cambiando con frecuencia en los últimos dos mil quinientos años.

Llegados a nuestro tiempo, cabe preguntarse si esos ideales existen en relación con un simple juego como es el fútbol. Y, como consecuencia, si los mismos ideales incluyen la idea de utilidad como componente de la belleza. Lucas Álvarez dice: "Para los griegos (que no es arbitrario citar porque es en el contexto griego donde podría decirse que nace el 'deporte') la belleza del juego y, sobre todo, la belleza del cuerpo del atleta está intrínsecamente vinculada con la victoria. Entonces, es difícil ver en ellos eso del 'puro goce', porque lo importante es triunfar".

Ya en un análisis de la filosofía contemporánea, y en relación con el fútbol, Lucas Álvarez retoma el pensamiento del filólogo, ensayista y crítico literario boliviano Luis H. Antezana en el libro *Un pajarillo llamado 'Mané'. Notas al pie de su fútbol.* "Según Antezana –dice Álvarez– es posible entender el fútbol como un hecho estético porque, apoyado en Roland Barthes, supone que un hecho estético es algo que se lo puede leer, ver y/o entender con placer. En este sentido, en el fútbol –como un hecho estético– es más interesante el suspenso de la elaboración que el gol en sí mismo. Para Antezana, los futbolistas (sobre todo Garrincha, de quien más habla) más que hacer goles 'juegan goles'. Y ese 'jugar goles' representa el hecho estético, la belleza de la elaboración. Eso que ocurre cuando el jugador hace todo para que el gol se vuelva inevitable, para que no haya más que empujar la pelota. Lo más atractivo, lo que genera más placer, es, muchas veces, la producción y no el producto".

Luego, Antezana sugiere que el producto está en relación con lo utilitario, mientras que "algunas veces –explica Lucas Álvarez– existen procesos que no llevan a ninguna parte y solo se hacen por el mero placer del goce". Y agrega:

"Para el filósofo francés Jean-François Lyotard, un fósforo que se utiliza para prender la cocina satisface el circuito del capital, pero cuando un niño prende un fósforo solo para ver y disfrutar del movimiento eso solo satisface su deseo de ver".

Lo que argumenta Lyotard, sin embargo, es que ese tipo de disfrute estético no es accesible para cualquier persona. Explica Lucas Álvarez: "El que ve debe desarrollar una especie de conciencia perceptiva, sensible a lo bello, preparada para la incertidumbre y un poco despreocupado del resultado. En relación con esto, la actitud del espectador debe despreocuparse también del futuro, porque lo bello ocurre en tiempo presente. Si se espera un resultado, el hecho estético desaparece. En esta mirada que ofrece Lyotard, lo bello es bello por sí mismo y no para algo, lo bello es bello porque sí". En ese mismo sentido, las palabras de Jorge Valdano en *Sueños de fútbol* resultan familiares: "También al fútbol lo atacó el bacilo de la eficacia y hay quien se atreve a preguntar para qué sirve jugar bien. Resulta tentador contar que un día osaron preguntarle a Borges para qué servía la poesía y contestó con más preguntas: '¿Para qué sirve un amanecer? ¿Para qué sirven las caricias? ¿Para qué sirve el olor del café?'. Cada pregunta sonaba como una sentencia: sirve para el placer, para la emoción, para vivir".

Fernando Signorini acerca todavía más la discusión al ámbito del fútbol. Dice: "Si es que querés trascender, tenés que buscar la belleza. Yo no creo que nadie tenga derecho a pedir que se renuncie a la belleza estética del juego, que es lo que ha hecho grande a este deporte. Los mejores jugadores de la historia del fútbol no es que han jugado lindo. Han jugado bien. Las cosas bien hechas después terminan, generalmente, por producir belleza. La historia grande del fútbol la hicieron los mejores equipos, que tenían una idea clara y tenían a los mejores jugadores. Cuando se juega bien, aparece ese otro gran valor añadido que es la belleza".

Del mismo modo, Rubén Capria reflexiona: "Cuidar el balón tiene una importancia fundamental. Hay tipos que dicen que la estética y la efectividad no van de la mano. Yo digo que sí. Hay emblemáticos casos de que es así. Román está dentro de los jugadores más campeones de la historia de Boca. ¿Y cómo juega? ¿Mal o bien? Estéticamente, ¿es lindo o feo ver lo que hace? No entiendo cuál es el prurito de algunas personas en hablar de que algo es bello de ver, y además es eficiente. Hay gente que dice '¿querés ver un espectáculo? Andá al teatro'. ¿Pero están locos? ¿Qué les pasa? ¿Qué es el fútbol? El componente estético debe estar. Que yo quiera que mi equipo tenga un Román no quiere decir que no necesite buenos defensores para cuando la pelota la tiene el rival. Una cosa no invalida la otra".

Para Lucas Álvarez, la concepción del fútbol como hecho estético entra en plena contradicción con el funcionamiento concreto del deporte a nivel internacional. "Es el fútbol como mercancía que factura millones (y factura millones en base a goles) –detalla el filósofo–. Pero, claro, como el fútbol no nace como mercancía (el fútbol nace como diversión, nace como juego), sino que el mercado absorbe al fútbol cuando vislumbra potenciales ganancias, entonces la insoslayable dimensión lúdica del fútbol puede romper con esa lógica de mercado y olvidar el gol como símbolo de la ganancia y dedicarse a jugar, a moverse, a 'jugar jugadas', a conformar un acto bello".

En un epílogo a la edición española del libro citado de

Dante Panzeri, Andrés de Francisco, profesor de la Universidad Complutense de Madrid, reflexiona: "Se puede vivir sin belleza, sin duda, pero no se puede ser feliz sin ella. También se puede jugar al fútbol sin crear belleza (...), pero entonces tampoco el fútbol nos hace felices (...). Al decir de Stendhal, la belleza es como una *promesa de felicidad*".

En su libro *Historia de la belleza*, Umberto Eco decía: "Imaginemos un historiador del arte del futuro o un explorador llegado del espacio que se planteen ambos la siguiente pregunta: ¿cuál es la idea de belleza dominante en el siglo XX?". Ya en la segunda década del siglo XXI, la pregunta no ha podido ser respondida. Y resulta difícil responderla desde una única mirada sobre un juego como el fútbol. Pero, siguiendo a Eco en ese mismo libro, tal vez se pueda pensar en un caño, una gambeta o un pase que, en algún momento, cumplan "la misma función que muchas obras de arte que han sabido exorcizar, a través de la belleza, el dolor, el miedo, la muerte, lo perturbador y lo desconocido".

Una promesa de felicidad.

7

El valor del pase

Era capaz de dejar atrás a tres futbolistas con solo un pase, ensanchando o estrechando el terreno de juego a su antojo, para que el balón siempre se moviera más que el jugador. Normalmente, cuando los niños empiezan a jugar al fútbol, lo que quieren es regatear. Guardiola prefería pasar.
Guillem Balagué

Es lunes.

Abril recién ha comenzado, el año 2010 será de logros nulos para Boca Juniors, pero todo eso no importa. Un hombre con el número diez en la espalda lleva la pelota cerca del área. Juega una pared con un compañero y queda solo ante el arquero rival. Puede ser un gran gol. Pero él no define a la red. Elige pasar la pelota al número nueve, que la empuja y se convierte así en el máximo goleador de la historia del club.

Sin embargo, el diez no celebra el gol con el delantero. Gira, abre los brazos, y se dirige hacia las plateas. Festeja, solo, hasta que algunos jugadores llegan a abrazarlo.

Si fuera posible abstraerse por un momento de las circunstancias simbólicas, personales y políticas que han rodeado al gol, si por un momento pudiera hacerse el ejercicio de quedarse con la verdad desnuda del juego, con el mero análisis de la acción, se llegaría a la conclusión de que ese jugador ha festejado, como si fuera un gol, una asistencia. Unos días después, en una conferencia de prensa, dirá: "yo toda mi vida he dicho que soy más feliz cuando doy un pase gol que cuando meto un gol mío. El primer gol de Boca lo festejé más que el que hice yo". Tiene sentido. En su carrera de dieciocho años en Boca Juniors, Barcelona, Villarreal, Argentinos Juniors y la Selección Argentina ha convertido ciento setenta goles. Y ha entregado ciento ochenta y dos asistencias.

Ese hombre se llama Juan Román Riquelme, y el pase a un compañero es uno de los fundamentos de su lugar en el mundo.

Ya en 1880 los futbolistas y entrenadores ingleses y escoceses discutían qué era más importante. La gambeta o el pase. Y no se ponían de acuerdo. La discusión llega hasta nuestros días, y tal vez la verdad sea que no hay verdad. Pero sí resulta notorio que algunos jugadores privilegian más el valor de asistir a un compañero que el de asistirse a sí mismos. Guardiola era así. Xavi Hernández es así. Riquelme lo es.

Al respecto, reflexiona Ariel Scher: "Riquelme es todos los asistentes juntos. Como tiene un extraordinario manejo de los tiempos del juego y de los espacios, todos los pases de él son buenos. A veces hasta los que van al destinatario incorrecto. Algunos pases son más determinantes en el resultado del partido, porque son pases que terminan en gol de un compañero. Me parece que tiene un gran manejo estratégico del juego, y es un jugador que tiene una gran visión de todo lo que está ocurriendo en la cancha casi todo el tiempo. Tiene una gran inteligencia aplicada al fútbol. Sospecho, sin ser un estudioso en el tema, que si uno estudiara las tipologías de inteligencia que hay, Riquelme tendría muy altas algunas, muy evidentes. Como estudia Howard Gardner. Desde lo ideológico, el fútbol se construye así, y sabe que, en general, es más fácil ganar espacio, ganar terreno, ganar posición, desacomodar y distraer al adversario pasándola que apropiándose individualmente de la pelota. Riquelme, como Xavi, como el *Lobo* Ledesma, te da la sensación de que gambetean solo porque no les queda más remedio, aunque les parezcan bonitas las gambetas de otros. Y pueden darse cuenta si los otros tienen técnica. Hay jugadores que tienen técnica, y Riquelme lo sabe, y hay jugadores muy virtuosos que Riquelme sabe que no saben jugar, sino que saben hacer una serie de cosas que hasta pueden poner el resultado a tu favor".

Alejandro Dolina, por su parte, explica el valor del pase en el juego de Riquelme a partir de un puente con el linaje futbolero, y de una apreciación personal: "Si a mí me preguntaran con quién quiero jugar, yo no elegiría jugar con Maradona o con Messi. El niño que hay en mí elegiría jugar con Bochini o con Riquelme, que son los que te la dan. Los otros son los que no te la dan. Estoy exagerando, claro que te la dan, pero cuando quieren. Un jugador como Riquelme es el que mejora a los demás, evidentemente. Te la da siempre redonda. Te la tira bien, te la tira a tu perfil, te la tira con espacio y con tiempo para que vos puedas hacer la jugada más indicada. Un tipo que te va a dejar solo, pero que te tiró la pelota encima, que te la tiró entre las piernas, y a media altura, no te dejó solo. Te dejó solo con un problema. Con un problema que es bajar la pelota desde cualquier altura para poder patear. Y eso la tribuna no lo ve. La tribuna dice 'uy, estaba solo y se comió el gol'. Claro, estaba solo pero me cayó la pelota entre un pie y el otro, ¿qué hago yo?".

Para Scher, en el juego de Riquelme "el pase es estratégico, el pase es ideológico, y el pase también es creativo. Si hay una jugada que lo va a volver reconocible es la de pasarle la pelota a los demás y moverse para recibirla. Lo extraordinario de jugar a los pases es que implica desplazarte cuando la tenés y cuando no la tenés, porque te involucrás con el juego no solo cuando tenés la pelota. Y además implica tener un nivel de comprensión con los otros. De distracción de algunos y de asociación con otros. Y Riquelme eso lo maneja como si fuera el preámbulo de la Constitución de su juego".

Para Dolina, a veces las transmisiones televisivas impiden que el espectador pueda volver a ver un pase que ha sido determinante en una jugada posterior. Explica: "El fútbol es más largo de lo que creen los comentaristas y la televisión. Cuando repiten los goles, repiten el gol cinco segundos antes de que se haga, cuando a lo mejor la jugada inteligente, interesante y decisiva se produjo veinte segundos antes, cuando un tipo hizo algo que descompensó al rival, o nos hizo estar en una posición superior. Y esas, a veces, no son las asistencias. A veces son los pases que están dos o tres pases antes de la asistencia. Es el momento en que vos produjiste un desequilibrio en el equipo contrario, que bien puede ocurrir en mitad de cancha. Pero tal vez te dejan en superioridad numérica, y gestan goles. Pero esas jugadas nunca se repiten en el resumen de goles".

Alemania, 2006. El seleccionado juega con Costa de Marfil en el primer partido del Mundial. A los treinta y siete minutos, Riquelme recibe la pelota en mitad de cancha, sobre la izquierda, y la pasa un momento después un poco más hacia la línea de costado, donde recibe Maximiliano Rodríguez. Parece un pase intrascendente, pero es ese tipo de pases de los que hablaba Alejandro Dolina. Los pases que no se repiten en televisión. Cuando Maxi le devuelve la pelota a Riquelme, el objetivo inicial, su intención desde que recibió por primera vez, ya ha sucedido. Los seis jugadores que defienden el arco rival se han movido como quiere el diez. Se han movido como él imaginó que iban a moverse. Entonces, sí, llega un pase de esos que se incluyen en los resúmenes televisivos. De modo brillante, Riquelme dice con todo su cuerpo que va a cruzar la pelota a la derecha, o que va a girar él mismo hacia el otro lado. Sin embargo, su cuerpo hace otra cosa. Casi sin mirar, pasa la pelota entre líneas, hacia el área. Con un solo movimiento, deja a los defensores fuera de la jugada. Además, elige el instante exacto para que el delantero que va a buscar la pelota, Javier Saviola, no quede en posición adelantada. Saviola, solo, define ante el arquero de puntín y de primera, y Argentina gana dos a cero.

Mónica Santino analiza la jugada: "Yo no sé cómo hace, pero Román pareciera tener dentro de su cabeza un libro de lo que cada uno necesita. Un manual de lo que cada compañero precisa en cada momento. Para poner un ejemplo de eso, recuerdo el pase entre líneas del primer partido en Alemania 2006. Ese es un pase para Saviola. Digamos, no es para otro jugador. Sabe que Saviola va a llegar. En el lugar en que Riquelme puso la pelota sabe que Saviola va a llegar". Para Santino, eso sucede porque "cuando va a recibir la pelota, unas décimas de segundos antes Riquelme ya sabe dónde están ubicados los compañeros. Para poder hacer eso, tiene que estar mirando con el rabillo del ojo la pelota y también lo que pasa en la cancha. A mí lo que más me sorprende y me causa una admiración tremenda es eso, es como estar un par de segundos antes que los demás". Víctor Hugo Morales piensa en la misma dirección: "Riquelme es un estratega, el que siempre sabe qué sucede en la batalla, el general que va haciendo los números de lo que se pierde y se gana, de las debilidades del rival, del resto de las fuerzas propias. Un goleador mete tres goles y es fantástico, pero no hace mejores a los demás. Riquelme influye en el contagio de la precisión, en la exigencia de la misma condición, en hacer como el ajedrecista que piensa dos jugadas antes. Para eso necesita dar buena información, buen pase, para que crezca su idea inicial". Para Horacio Pagani, "dejar un tipo solo frente al arco es lo mismo que un goleador que hace un gol. Tiene el mismo valor meter dos pelotas de gol plenas, para la pierna apta del tipo, que un gol. Y él asegura, de estos pases, al menos dos por partido".

En ese mismo sentido, *Cachito* Vigil reflexiona: "su juego, el juego de la pelota de Román, no acepta la falta de generosidad. Román, en el juego propiamente dicho, transpira espíritu colectivo. Va a comprender tu necesidad y la necesidad de él y del equipo en el juego. Hay algo de Román que es impresionante. Creo que conoce más las virtudes de cada jugador que lo que conoce cualquier jugador de sí mismo. Si vos como entrenador le pedís a cada uno de los jugadores que juegan en el equipo de Román que digan sus virtudes y sus debilidades, me atrevería a inferir que tienen virtudes o debilidades propias que no conocen o de las que no son conscientes". Para el escritor Martín Kohan, "hay una generosidad en la asistencia que acerca mucho a Román con Bochini. Era un genio de las asistencias. Y hay algo en la actitud de juego, que es una especie de estado melancólico. Para mí es fuertísimo en estos tipos. Es una especie de disposición a dar la alegría a otros. Riquelme festeja como si estuviese contento por los hinchas. Es como el don. El don es una marca de Bochini, también, que en el juego se traducía en una disposición a dar pases de gol. Sabe de sus compañeros más que lo que ellos saben de sí mismos". Vigil agrega: "Creo que Román tiene el mapa en su cabeza de todas las virtudes y debilidades de sus compañeros. A este jugador hay que tirársela para que pique, a este jugador al pie, a este jugador no hay que pasarle la pelota en los últimos cinco minutos del partido, a este jugador cuando está enojado hay que aprovecharlo, a este cuando está enojado hay que darle una pausa. Todo eso lo tiene".

Las palabras de Kohan y Vigil se relacionan con la idea de que Riquelme comprende tanto el juego que necesita, más que ningún otro jugador, que el resto de los compañeros lo comprenda a él. Y que el entrenador acepte que el funcionamiento del juego colectivo debe adaptarse al entendimiento que el propio Riquelme tiene de cada situación. Esta serie de vínculos tiene influencia necesaria en la estrategia elegida para el equipo en cada partido. Matías Manna lo ejemplifica con suma claridad: "Él necesita ser contextual. Él quiere poder manejar todo. Y cuando digo todo es *todo*. Un entrenador decidirá si le da ese poder o no. Y también sus compañeros. Ahora bien, si lo más importante es el juego habrá quienes estarán dispuestos a correr el riesgo de intentar gestionarlo. Si nos situamos en el paradigma sistémico y abandonamos esa mirada lineal tradicional e histórica en esta disciplina, nos podremos dar cuenta de que los pases de Riquelme ordenan todo. Hacen mejor a todo equipo que pueda interpretar y potenciar a Riquelme. Si queremos jugar a jugar, Riquelme. Ahora, si queremos jugar a defendernos, no. Si queremos jugar casi únicamente a crear situaciones de gol lo más rápido posible, no. Si queremos priorizar la presión tras una pérdida, porque se suele ver a la defensa y al ataque por separado, y no se interpreta que una mejor secuencia de pases previa en campo contrario hará mejor a nuestra presión, para todo eso: Riquelme no".

Para Martín Vassallo Argüello, "lo mejor que tiene Riquelme es que debe tener un porcentaje de pase bien dado que supera ampliamente la media". El entrenador de tenis, además, recupera temas ya mencionados por Alejandro Dolina. Dice: "No todos los pases son geniales o en función del gol, pero muchos tienen que ver con el armado, con ir cocinando la torta a fuego lento. Una vez le pasa el número tres y elige no tirársela porque la ve dividida y vuelve para atrás, así otra vez, y va generando una situación a fuego lento para, en el momento justo, sí tirársela y que el tres llegue solo a tirar un centro atrás. Eso responde a mucha capacidad de conocimiento del juego. Para mí, Riquelme sabe mucho de fútbol. Tiene que saber mucho de fútbol, del juego y de los engranajes que van generando sus movimientos. Él debe saber exactamente que ni bien gire el cuerpo y mire para el lado del tres, el tres va a generar todo lo que va a generar en los dos o tres defensores que estén en esa zona. Él sabe que uno va a cubrir al otro, que el otro va a cerrar un poquito y que eso, al mismo tiempo, está generando espacio en otro lugar. Como él ya lo sabe y lo tiene pensado, ni bien gire la cabeza va a buscar ese vuelco. Y si el compañero no lo entendió, sabe que la opción es volver y tocar para el otro lado. Debe tener un mapa en la cabeza armado, que ya hasta debe funcionar en automático y que lo hace estar confiado y tranquilo".

Si los pases en el fútbol tienen un valor difícil de estimar en toda su complejidad, cuando los destinatarios se convierten en mejores jugadores debido a esos pases, un círculo virtuoso parece cerrarse. Pasar el balón para mejorar a los demás. Verlos mejorar. Y luego ir a buscar la pared, o la devolución. Pablo Aimar, que jugó con Riquelme en la Selección Nacional y también lo enfrentó muchas veces, analiza: "Yo tenía un entrenador en Portugal, Jorge Jesús, que decía que el gran jugador era el que, cuando él jugaba bien, hacía jugar bien a los demás. Yo estoy de acuerdo con eso. Creo que a Román le pasa eso. Si él tiene una buena tarde, va a hacer jugar bien a todos sus compañeros. Eso es algo muy claro. Se ha visto muchísimas veces".

A los conceptos de Aimar se les puede poner nombre y

apellido. Rubén Capria explica: "Ever Banega no hubiera sido el futbolista que fue si no habría estado al lado de Riquelme. Rodrigo Palacio entendió perfectamente cómo tenía que picar para aprovechar la visión periférica de Román. Palermo hizo cien goles con pases suyos". Horacio Pagani agrega: "Él es generoso en el juego, en la medida en que hace jugar a los otros. Román le hizo hacer muchos goles a Palermo, y él supo aprovecharlo. El *Chelo* Delgado también creció mucho al jugar con él". Y completa Capria: "El fútbol depende de las dos partes. Si no hay buen pique, buen movimiento, no hay buen pase. Pero donde hay un buen movimiento tiene que haber un futbolista que tenga el talento para dar el buen pase. Y eso es lo que a veces se ha dejado de poner como prioridad, sobre todo en el fútbol argentino".

De acuerdo a la opinión de Horacio Pagani, "A Clemente Rodríguez él lo hizo un jugador importante en Boca. Él necesita, por la manera en que juega, que pasen, alternadamente, los laterales. Y mejor que pase el de la izquierda, porque con la pegada de derecha él puede ponerle una pelota más precisa. Aunque no tiene inconveniente en girar y ponerla donde él quiera. Él no se desentiende del juego, él tira la pelota a un lateral y busca posición. Siempre está en un lugar libre para recibir. Se ocupa de buscar posiciones para recibir, cosa que no hace ninguno de los otros jugadores. Uno ve muchos jugadores que se desprenden de la pelota y ya ellos no participan. Él se desprende de la pelota pero siempre con la idea de que la pelota puede volver". En una entrevista televisiva del año 2011, Riquelme dijo: "Para mí jugar con Clemente es muy fácil. Hace diez años que juego con él, y puedo pasarle la pelota sin mirar. Él también a mí. Ya sabemos dónde va a estar el otro".

Rodolfo Arruabarrena, que jugaba de lateral izquierdo, cuenta en primera persona cómo era ser compañero de Riquelme: "Él facilitaba mucho mi juego. A mí me gustaba subir, pero generalmente me gustaba subir por sorpresa. Y cuando tenés un jugador de ese nivel, uno lo que tiene que hacer es descargar e ir a buscar. Después de tanto tiempo de jugar con él, yo sabía que no me tenía que apurar en hacer esa ruptura porque podía quedar en posición adelantada. Pero tarde o temprano la pelota me iba a llegar adelante para un desborde o para una posibilidad de quedar frente al arco".

Rubén Capria acuerda en que el rol de un marcador lateral es muy importante para el juego de Riquelme, y aporta su análisis: "El *Negro* Ibarra, cuando jugaba con Román, se llevaba de maravilla. Entendía todo lo que tiene que hacer un lateral. Un lateral es fundamental para un jugador como Riquelme, para la salida, para desatar un nudo. Román permanentemente simplifica jugadas complicadas. Porque hay mucha gente, muchas piernas, y él de repente rompe la presión. Y si hay cuatro contra uno es porque hay tres que están libres en otro lado. Tiene esa capacidad de ver como si sacara una foto. Antes de recibir, uno ve cómo mueve la cabeza, y eso significa que ya leyó qué hay a su alrededor. Ya sabe qué peligros tiene alrededor. Entonces decide".

Rodolfo Chisleanschi, por su parte, recuerda el vínculo de Riquelme con el delantero uruguayo Diego Forlán, en sus años en Villarreal, y dice: "no sé si alguna vez Forlán pensó en hacerle un monumento a Riquelme, pero debería. Venía de no hacerle un gol ni al arco iris en el Manchester United y ganó la Bota de Oro gracias a Román".

Fernando Signorini cuenta una anécdota que lleva a un

extremo la cuestión del valor del pase, y de la necesidad de que esa acción esté pensada en función de las características de los compañeros. Dice el preparador físico: "Una vez Fernando Redondo estaba extrañado porque había un gimnasio inteligente donde te daban una tarjeta con todo lo que tenías que hacer. La tarjeta por ahí te marcaba que te habían faltado dos abdominales, como si eso significara algo. Ahora, después iban a jugar y erraban cuarenta pases, y nadie decía nada. Y una vez Genaro Gattuso recupera la pelota, se la da a Redondo, y Redondo, como viene, se la vuelve a dar. Y Gattuso pierde la pelota. Y le dice 'Fernando, cuando yo agarro la pelota y te la doy a vos, vos a mí no me la des más'. 'Es la primera vez que un jugador me pide que no le dé la pelota, que no quiere jugar', dice Redondo".

Torneo Clausura 2001. En un partido ante Belgrano de Córdoba, Riquelme recibe la pelota en el vértice derecho del área. Engancha hacia dentro, gambetea a un jugador y otros dos los rivales lo persiguen. Un tercero sale a marcarlo, desde dentro del área. Hace una pausa mínima, imperceptible. El rival se desacomoda, y cuando él parece ir hacia la izquierda, la pelota pasa hacia el centro, por un callejón imposible. Recibe Omar Pérez, solo ante el arquero.

Torneo Apertura 2001. Boca enfrenta a Lanús. Riquelme recibe la pelota en el borde del área. Amaga a patear al arco, pero no lo hace. Mete un pase entre cinco jugadores (a uno de ellos lo pasa de caño), que recibe de zurda Walter Gaitán.

Copa América 2007. Argentina ante Perú. Riquelme recibe la pelota fuera del área, hacia la izquierda. Con un enganche queda de frente al arco y al mismo tiempo deja un rival en el camino. Pero no patea. Espera un segundo más para desarmar la defensa, y pasa el balón entre los defensores que salen y los que vuelven. La pelota llega de frente para las virtudes de Lionel Messi.

Torneo Apertura 2009. Estadio Monumental. Llega un pase filtrado al medio del área de River. Riquelme, de taco y de primera, deja solo a Martín Palermo con el arco de frente.

El final de estas y otras cientos de jugadas es el mismo. Gol, después de un pase de Juan Román Riquelme.

Las estadísticas suelen ser variables escasas para analizar el juego, y a menudo se prestan a discusión de acuerdo a cuál es la fuente de esos datos. Pero a veces aportan herramientas de interés. Al menos, pueden despertar la curiosidad acerca de cómo es que un jugador de fútbol llegó a ubicar en un nivel tan alto el valor del pase a un compañero. Una investigación difundida en diversos medios de comunicación, y conformada por múltiples fuentes, establece que Riquelme es el mayor asistidor en actividad del mundo. Es decir, no hay ningún otro jugador del planeta que haya regalado tantos goles. Supera, de acuerdo a la misma estadística, a jugadores como Dani Alves, Xavi Hernández y Lionel Messi. Ha dado asistencias con pelota en movimiento, con pelota quieta, de taco y hasta de espalda. Además de sus ciento ochenta y dos asistencias, Riquelme convirtió (hasta septiembre de 2014), ciento setenta goles. Esto representa una participación activa en trescientos cincuenta y dos goles de los equipos en los que jugó, repartidos en los más de seiscientos cincuenta partidos que ha disputado como profesional.

De acuerdo a datos recopilados por Guillermo Schoua

para el sitio *www.historiadeboca.com.ar*, el jugador al que más pases de gol dio Juan Román Riquelme en su carrera se llama Martín Palermo. Lo asistió en diecinueve oportunidades. Y, cuando Riquelme asistió a Palermo, el equipo nunca perdió.

Juan Román Riquelme vive en un pase a un compañero. Puede ser un pase que deje a un delantero frente al arco, o puede ser un pase que cambie el destino de una jugada posterior. O un pase que, simplemente, muestre confianza en las virtudes de otro jugador. En ese gesto, el de dar y sentirse pleno, reside el sello que distingue a jugadores como Riquelme, y que los vuelve generosos con el otro. Como dice Alejandro Dolina, "el tipo que te da la pelota un pasito adelante, y perfilada, ese es tu amigo. Digo esto relacionado con la supuesta amistad que la formación de grupos entraña. Mi amigo es el que me la da redonda, no el que me cuenta cuentos a la noche en la habitación".

En el libro *Herr Pep*, que retrata el primer año de Guardiola como entrenador de Bayern Munich, el analista Martí Perarnau escribe: "Una noche me acompañaba Patricia González, la jovencísima seleccionadora femenina sub 19 de Azerbaiyán. Durante la cena, *Pep* la miró fijamente y le dijo: 'Patricia, te daré un consejo: pon siempre a los buenos. ¡Siempre!'. La joven entrenadora le hizo una pregunta que tenía miga: '¿Quiénes son los buenos, Pep, los más famosos?'. La respuesta fue precisa: 'No, los buenos de verdad son los que nunca pierden el balón. Los que pasan el balón y no lo pierden. Esos son los buenos'".

8

Los años en España

"Tengo la suerte de contar con muchas camisetas, pero si tengo que nombrar una, seguramente es la de Zinedine Zidane. Tengo la que usó en su último partido en la cancha del Real Madrid. El miércoles previo al partido me llamó por teléfono y me dijo que no tenía la mía, y que la quería cambiar el domingo. En el partido, lo sacaron faltando cinco minutos para que la gente lo ovacionase y él se quedó parado en la línea esperándome para cumplir su palabra. Fue un momento muy lindo. Ahora la tengo en mi casa con la fecha anotada. Fue uno de los más grandes que haya visto jugar".

Las palabras son de Juan Román Riquelme, en una entrevista para el sitio de Internet de FIFA. Si hay una consecuencia del paso de Riquelme por el fútbol español es el gran respeto que obtuvo por parte de los mejores jugadores del mundo. Pero, antes de ser consagrado por sus colegas, su experiencia allí no había sido tan sencilla.

En el segundo semestre de 2002, Riquelme fue presentado como jugador del Fútbol Club Barcelona. En su primer partido, un amistoso ante Parma de Italia, marcó dos goles. Pero nunca más pudo sentirse cómodo.

El mayor problema consistía en que el entrenador, el holandés Louis Van Gaal, no lo había pedido. El jugador había sido contratado por el gusto de la dirigencia, pero no estaba en los planes de quien tenía que decidir quién jugaría y quién no. Roberto Martínez, el periodista que escribió el libro *Barçargentinos. Historia de los futbolistas argentinos del FC Barcelona*, agrega detalles: "A Barcelona Riquelme llegó porque le compraron los dirigentes a pesar de que el entrenador había dicho que no lo trajeran porque no le iba a poner. Y el primer día Van Gaal se lo dijo en la cara. Acto seguido, se le instó a firmar un contrato con una cláusula para ser cedido en el caso de que así lo decidiera unilateralmente el entrenador holandés. En segundo lugar, no le dieron espacio para ser él mismo, ni le dieron confianza para que se sintiera importante. Ni Louis Van Gaal, quien le había vetado al principio, ni Radomir Antić, con quien terminó enfrentado. El tercer punto es una decantación del primero y el segundo. Se abandonó, se entregó a las circunstancias y se resignó a buscar la felicidad lejos de la cancha. El paso por Barcelona le llevó a plantearse su futuro como futbolista. Si hay que mencionar una culpa de su parte, es haber permanecido dócil, sin rebelarse ante el contexto negativo, en la cancha. Nunca entendió –yo tampoco–, por qué al fichaje estrella de la temporada el entrenador lo menospreciaba en público".

El periodista Rodolfo Chisleanschi recuerda: "En el Barça Riquelme se encontró con Van Gaal, un técnico cartesiano, de los que pretenden que los jugadores se adapten a lo que dibuja en el pizarrón sin mirar sus características. A Román llegó a ponerlo de puntero derecho".

Martín Vassallo Argüello, como todos los tenistas, debía viajar mucho para jugar torneos. En uno de sus viajes pudo ver uno de los primeros partidos oficiales de Riquelme en su etapa en Barcelona. Lo cuenta así: "Cuando estuve ahí jugando un torneo *challenger*, se dio la casualidad de que justo había partido. Fuimos al Camp Nou, a ver a un Barcelona que era previo al del gran boom. Estaba Van Gaal como director técnico, que yo había leído que era un técnico defensivo. Me acuerdo que la primera imagen fue de decepción al ver la posición en que lo pusieron a Riquelme cuando le tocó entrar. Era un cinco retrasado que tenía que estar todo el tiempo cubriendo las subidas, si mal no recuerdo, de Carles Puyol, que en ese momento jugaba de cuatro. Era increíble ver a Riquelme parado más atrás y no pudiendo soltarse cada vez que el compañero pasaba la mitad de la cancha. Tenía que correr al cinco rival".

Como le había ocurrido en sus primeros tiempos en Boca, Riquelme jugaba en una posición, y sobre todo cumplía un rol, que no tenía correspondencia con sus virtudes. Sin embargo, recuerda Vassallo Argüello, "parecía que en ese momento estaba dispuesto a hacerlo con tal de jugar en Barcelona. Se lo veía *queriendo* hacerlo. Las pocas veces que le dieron la pelota en ofensiva, lo hizo bien. Me acuerdo que pateó un tiro libre. Pero me fui con esa imagen de que lo habían querido transformar".

El tema que tratan Vassallo, pero también Chisleanschi y Martínez, es objeto de debate aún. La pregunta es si un jugador debe aceptar cualquier orden de un entrenador, aun las que perjudiquen sus valores deportivos, y así jugar la mayor cantidad de partidos posibles. O, desde otra perspectiva, cabe preguntarse cuántos entrenadores prefieren beneficiar las capacidades de uno o dos jugadores y ordenar el equipo en función de eso.

Martín Vassallo Argüello, que además de haber sido deportista se desempeña en la actualidad como entrenador y docente, arriesga una reflexión sobre el tema: "muchas veces los técnicos de algunos equipos pierden la singularidad de los jugadores por pensar en un colectivo ideal a ellos y a lo que ellos creen que es el ideal fuera de la cancha. En ese caso, Van Gaal como persona o como amante del fútbol (porque seguramente a él también le gustará ver a tipos que juegan bien), se perdió de aprovechar a Riquelme por una estructura que armaron previamente sentados en un escritorio, pero que nada tenía que ver con la realidad de Riquelme. Cualquiera que tuviera la posibilidad de analizar su juego se daba cuenta de que su potencial estaba en otro lado. Seguramente, no iba a hacer mal esa función que le pedía Van Gaal, no era tan complicado, pero claramente iba a estar deteriorando su mayor potencial, que era generar fútbol. Siempre me gustó analizar a los entrenadores y la relación con los jugadores, así que luego de aquella visita al Camp Nou me quedé pensando bastante en la actitud de Van Gaal. Me fui con la sensación de haber visto un Riquelme más joven, anímicamente con ganas de hacer cosas en función del equipo, si es que el equipo lo requería, pero claramente desperdiciado y mal utilizado".

Rodolfo Chisleanschi comparte su mirada sobre el tema: "Hay tipos que hacen lo que sea por estar en el equipo (le pasó a Aimar en el Valencia con Rafa Benítez), y llegan a renunciar a hacer lo que mejor saben. Román en cambio se acercó un día a Van Gaal y le dijo: 'para hacer lo que me pide, en el plantel hay otros mejores que yo, por favor póngalos a ellos, yo no voy a hacer ningún problema'".

El 28 de enero de 2003, cuando Louis Van Gaal dejó de dirigir a Barcelona y asumió en su lugar el serbio Radomir Antić, parecía que la situación de Riquelme podía mejorar. Rodolfo Chisleanschi recuerda que Antić, antes de que lo contrataran, "hacía comentarios en una radio y siempre se manifestaba admirador de Riquelme. Agarró el equipo justo antes de un fin de semana en que no había Liga porque jugaba la Selección, y aprovechó para hacer pruebas físicas. Riquelme creo que fue el segundo peor, lógicamente, y el técnico lo dejó en el banco. Queda claro, ¿no?". De todos modos, el periodista rescata que "el paso de Román por aquel Barça para mí fue clave porque consolidó su personalidad".

A pesar de las dificultades y del entrenador, en esa temporada Riquelme jugó treinta partidos de la Liga Española. En la *Champions League*, el Barça alcanzó el récord de once victorias consecutivas, todas con Riquelme en cancha. En su primera derrota, el equipo quedó eliminado en cuartos de final ante Juventus de Italia, y el paso del mediocampista por el club catalán pareció llegar a su fin.

Mauro Navas, que lo enfrentó en un clásico entre Barcelona y Espanyol, recuerda que Riquelme "entró en el segundo tiempo y cambió todo el partido. Íbamos cero a cero y nos ganaron dos a cero en la segunda mitad. Uno piensa que le va a ganar, que lo va a anticipar, y no es tan fácil. Tenés que estar muy atento a todo porque en cualquier momento mete una pelota de gol". Además, Navas analiza por qué no fue tan cómodo el paso de Riquelme por el Barça: "Barcelona es un lugar medio especial, y además ese fue el peor Barcelona de toda la historia. El técnico era demasiado frontal. Román necesita que lo mimen un poco, necesita ser querido. En verdad, todos necesitamos ser queridos como futbolistas".

El preparador físico Fernando Signorini dice que Riquelme tuvo que enfrentarse a un medio hostil "por defender siempre su idea de cómo se debe jugar al fútbol". Y agrega: "Van Gaal le fue franco. En cambio Antić lo ponía en posiciones desacostumbradas para él, le exigía esfuerzos que él no tenía que hacer. 'Al marcador de punta que lo corra otro', pienso yo. Con los grandes jugadores hay que hablar mucho, y hay que brindarles una atención especial. Hay que potenciar al mejor. Hay que tratarlo de la manera que el mejor prefiere ser tratado. Hay características psicológicas que igualan a grandes como Maradona, Messi, Romario o Zidane (que lo elogiaba a Román siempre, sobre todo cuando se lo discutía). Zidane decía que Riquelme en su equipo sería infaltable".

Roberto Martínez completa el análisis y dice que a Riquelme, tal vez, le haya faltado "rebelarse ante las circunstancias. Pero esa es una característica propia del tipo luchador, el tipo con limitaciones, que suple con tesón y garra carencias de orden técnico. El creativo, el artista, no se rebela. Necesita sentirse libre para interpretar, para dibujar, para expresarse. En una atmósfera hostil, Riquelme no consigue hacer pie. Solo se esforzará en conseguirlo en un lugar al que ame profundamente". Martínez agrega que por ese motivo es que Riquelme permaneció tanto tiempo en Boca Juniors, aun cuando su relación con los dirigentes fuera nula. "La directiva no lo quiere –agrega el periodista– porque pelea por los derechos de los futbolistas juveniles del primer equipo para que, por ejemplo, tengan los mismos premios que los veteranos. Es cierto que le cuesta poco mostrarse hosco y crear una discusión de alguna nimiedad. Pero cada persona es un mundo y hay que saber tratarla. En su caso, en Barcelona se mezcló con jugadores de carácter parecido al suyo, taciturnos, que no eran los líderes del vestuario; hizo economía de palabra en momentos puntuales; y su distanciamiento de los entrenadores hizo el resto. Eso sí, jugadores como Carles Puyol, Víctor Valdés y Andrés Iniesta valoran y valorarán siempre su enorme jerarquía técnica".

Durante la etapa de Antić como entrenador de Barcelona, Juan Román Riquelme tuvo a Fernando Signorini como preparador físico personal. Su testimonio es muy valioso porque recupera aspectos a menudo ignorados de la personalidad y el comportamiento profesional de Riquelme. Cuenta Signorini: "La primera impresión que me llevé fue la de un tipo tremendamente puntilloso en su modo de analizar el fenómeno del fútbol, de tratar de descubrir los secretos del juego, de no dejarse engañar por los comentarios que se escuchaban por televisión. Román quería trabajar físicamente, pero no estaba convencido, ni mucho menos, de que un gran entrenamiento fuera necesario para jugar al fútbol. Él mismo decía que el fútbol tiene muchos tiempos de pausa. Y él es muy certero en sus análisis. En un partido de fútbol se juegan en realidad cuarenta y dos, cuarenta y cinco minutos. Y el tiempo que cada jugador interviene es muy poco. Uno tiene que tratar de estar en el momento justo, en el lugar adecuado, pero él descreía de eso de que hay que correr para jugar al fútbol". Y Signorini agrega su propia opinión, que combina su tarea profesional y la visión que tiene sobre el juego: "hay una gran diferencia en la preparación para correr y la que se tendría que usar para jugar. Lo más importante es saber jugar al fútbol. Si vos sabés jugar al fútbol, se te simplifican un montón de problemas. Corriendo mucho menos podés rendir mucho más, y, obviamente, cuando hay que correr, se corre. Claro que hay que prepararse, pero racionalmente".

Desde el punto de vista de Signorini, jugadores como Riquelme necesitan una preparación particular. "Como Diego, como Messi –ejemplifica–. No podés poner a todos en la misma bolsa. No son todos iguales. El fútbol no es como un empleo común. No sé... como hacer café, por ejemplo. En el fútbol, cada día se te presentan situaciones completamente distintas. Además, muchos técnicos compran el mensaje de que el esfuerzo lo es todo, pero se pierde de vista a los cerebros que piensan. El esfuerzo es importante, pero siempre y cuando esté en función de un conocimiento del juego. Y no es lo mismo un jugador en un lugar de la cancha y no en otro. O no es lo mismo estar de espalda que de frente a la jugada. Y eso te lo da el conocimiento".

El día que el Villarreal Club de Fútbol jugó, por primera vez en su historia, una semifinal de Liga de Campeones, había jóvenes y adultos que, desde las gradas, no paraban de llorar. El club, fundado el 10 de marzo de 1923, había tenido que esperar sesenta y cinco años para jugar un partido en

Primera División. Y otros siete años para jugar, al fin, la añorada *Champions*.

El modo en que ese equipo sin historia llegó a estar entre los mejores de Europa puede explicarse por múltiples razones, como en todo proceso social. Y, como todo juego colectivo, el fútbol necesita que una combinación de factores se reúna en el tiempo y el lugar indicados para que se logre un objetivo común. Pero, mirado en perspectiva, ese período tiene, de acuerdo a la opinión de muchas personas, nombre y apellido.

Juan Román Riquelme llegó desde Barcelona en el verano europeo de 2003. Los tres años hasta las semifinales de la Liga de Campeones fueron tiempo suficiente para que se lo considerara el jugador más importante de la historia del club.

Roberto Martínez, que pudo compartir mucho tiempo con jugadores de aquel plantel, analiza por qué Riquelme, con tantos problemas para brillar en Barcelona, pudo convertirse en ídolo en su nuevo destino. Cuenta: "Al entrenador Benito Floro le debemos su reingreso en el circuito, y el Villarreal le debe gran porcentaje de su época de oro. Floro le rescató cuando Román estaba en la ruina emocional. Y le hizo sentir importante en la matriz de su proyecto en el cuadro castellonense. Luego, la atmósfera de Villarreal era la ideal para Román. Sin una multitud de periodistas cerca que se trataran de entrometer en su vida. Sin otras historias que sus compañeros, él, y el balón. Y en una ciudad que es como un pueblo y en la que ninguna persona necesita hablar más alto que otra para hacerse escuchar".

Rodolfo Chisleanschi no coincide con Martínez sobre la importancia de Floro, pero sí en el resto de la argumentación:

"En Villarreal, Riquelme encontró un ecosistema favorable: un club chico que quería crecer mirando la escuela futbolística sudamericana. De hecho, cuando hicieron la Ciudad Deportiva y armaron las inferiores, se preocuparon de que todos los equipos jugaran de esa manera, con un 'diez', con la pelota contra el piso. Cuando Riquelme llegó en 2003 eso estaba recién empezando a gestarse. Se encontró con un DT, Benito Floro, también demasiado amante del pizarrón, pero lo echaron a mitad de temporada y asumió Paquito, un tipo mayor, hombre de la casa, sin grandes conocimientos pero con sentido común. Con él, y sobre todo con la llegada de Pellegrini en la temporada siguiente, Riquelme tuvo todo para hacer lo que sabía". Y completa: "Pellegrini le dio el mando del equipo, adaptó el juego a las características de Román, y además estaba rodeado de compañeros de enorme nivel: Forlán, Marcos Senna, Cazorla... Yo creo que él siguió siendo básicamente el mismo, solo que en un lugar lo entendieron, lo aceptaron y le brindaron las condiciones para hacer lo que mejor sabía, y en el otro no, simplemente".

Riquelme, acompañado por buenos jugadores y con la responsabilidad que le otorgó el entrenador Manuel Pellegrini de ser el conductor del equipo, volvió a sentirse cómodo. Como en sus años en Boca, manejó los tiempos en cada partido y Villarreal creció. Cruzó las fronteras y ganó la Copa Intertoto en 2003 y 2004. Roberto Martínez dice que fue un período fabuloso para el club. "Riquelme ubicó al Villarreal en el mapa –comenta–. Hasta que llegó él, había gente que no sabía a ciencia cierta en qué lugar de España quedaba esa ciudad".

Rodolfo Arruabarrena, compañero de Riquelme tanto en Boca Juniors como en Villarreal, comenta: "Aunque suene a frase hecha, a medida que pasan los años uno va adquiriendo experiencia, y él ya tenía otra personalidad en ese momento. Si bien en Boca era el jugador diferente, y por el que pasaba el fútbol, era un pibe todavía. Ya cuando ingresó en Villarreal había pasado por Barcelona, tenía otra experiencia, y el equipo funcionaba en base a él y a Diego Forlán".

El problema, como en otros equipos, comenzaba a ser que la influencia de Riquelme en el equipo era fundamental. Ese absoluto control de todas las circunstancias del juego parecía no permitirle la posibilidad de un partido en bajo nivel. Arruabarrena, que en la actualidad es entrenador de Boca y también dirigió otros equipos como Tigre o Nacional de Montevideo, reflexiona acerca de esa dependencia que puede generar un jugador tan necesitado de confianza para decidir sobre los destinos de un equipo. Dice el *Vasco*: "En primer lugar, no es muy frecuente tener este tipo de jugadores. Pero, cuando uno lo tiene, debe tratar de ver cómo se lo puede rodear de jugadores que con sus características encajen en el juego de lo que quiere el entrenador y de lo que puede generar este tipo de jugadores como Román. De todos modos, al tener un jugador de esa magnitud el nivel de todo el equipo sube, las características empiezan a florecer y resaltan todos los jugadores".

En la temporada 2004-2005, Riquelme jugó como en sus mejores años en Boca (y no hacía tanto tiempo que había ocurrido aquello). Fue el líder en asistencias de la Liga Española, y además convirtió quince goles. El diario *Marca* lo eligió como "el jugador con más arte" del año. Obtuvo el premio *Don Balón* al Mejor jugador extranjero de la liga.

Arruabarrena pone en dimensión el espectáculo brindado por Riquelme en esa temporada, y opina: "Siempre digo que he visto el Román de 2007 en la Copa Libertadores, que muchos dicen que la ganó solo, y es verdad que jugó en gran forma. Pero en esos años en España, sobre todo en la Liga 2004-2005, Román ha corrido muchísimo más, y ha sido, tal vez, más importante para Villarreal que lo que fue para Boca en esa copa. Creo que el nivel de Román en Villarreal es lo mejor que he visto en mi vida".

Pero, como el arte de Riquelme fomenta los logros colectivos, lo más importante fue que en la temporada 2004-2005 el equipo terminó en un impensado tercer lugar, y clasificó para jugar la Liga de Campeones.

El sueño del Villarreal terminó el 25 de abril de 2006. Después de perder uno a cero ante Arsenal en Inglaterra, debía ganar para seguir con chances de ser finalista de la *Champions*. En el minuto ochenta y nueve de partido, con el resultado empatado en cero, el árbitro cobró un penal para el equipo español. Un gol habría llevado la serie a una prórroga. Pero el número ocho del equipo, Juan Román Riquelme, pateó a las manos del arquero alemán Jens Lehmann. Villarreal quedó eliminado.

Antes de eso, durante casi noventa minutos, Arsenal no había hecho otra cosa que defender. Y Villarreal había fallado muchas situaciones de gol. El penal fue la culminación de una tarde en que la pelota no estaba dispuesta a entrar en el arco inglés.

Para el analista Matías Manna, ese penal fue un argumento espléndido para que quienes nunca habían logrado entender el juego de Riquelme pudieran disfrutar su derrota. Dice: "El penal errado o cualquier evento es usado para la conveniencia de los que sienten el juego de esa manera. Uno ve lo que quiere ver, uno ve lo que sabe y puede interpretar en el fútbol y en la vida. Entonces, al primer error te dicen: 'Ves, te lo advertí. No sirve'. Pero en realidad lo que están diciendo es que a ellos ese modo de jugar y de vivir el juego no les cierra, no les gusta, no lo sienten".

Lo cierto es que ese equipo nunca había logrado semejante hazaña, la de llegar a semifinales del torneo de clubes más importante del mundo, y en ese logro había sido fundamental Juan Román Riquelme. Javier Brizuela opina que "es imposible entender la actuación del Villarreal en aquella *Champions* sin el papel de Riquelme". Y agrega: "Lo del penalti fue una pena, pero, desde luego, el equipo no habría llegado tan lejos sin él. Era el líder de aquel equipo en el campo. De eso no hay duda. Esa *Champions* dejó un recuerdo imborrable en la localidad, aunque el ambiente acabase viciado con Pellegrini y la Directiva. Apuesto a que se le sigue recordando como un jugador histórico".

Roberto Martínez rememora: "Me enoja recordar mi sorpresa y mi sonrisa algo incrédula una noche fría en el puerto olímpico de Barcelona, cuando Román me invitó a cenar con amigos y me dijo 'vamos a eliminar al Arsenal, y luego le vamos a ganar la final de la Copa de Europa al Barcelona, ya lo vas a ver'. Me sentí responsable cuando falló el penal contra el Arsenal por haber mostrado cierta incredulidad ante aquella sentencia. Pensé, 'se acordó de mi cara, le entraron las dudas, y falló'. El paso de Román por el Villarreal se debió haber saldado con algún título. También se lo merecían tipos como Diego Forlán, Fabricio Coloccini, Sonny Anderson, Juampi Sorín, Santi Cazorla, Javi Venta, Pepe Reina".

Una pena que solo quedaran aquellas copas Intertoto. Ese Villarreal ha sido un gran equipo, inolvidable, construido a base de una relación muy sólida entre sus componentes. Podría haberle ganado al Barça de Rijkaard la final de la UEFA *Champions League*, porque le tenía tomada la mano y solía desquiciarlo al quitarle la posesión de la pelota".

Antes de la serie semifinal, el camino había sido arduo pero glorioso.

Ravi Ramineni trabaja como analista de rendimiento de Seattle Sounders FC, un equipo de la liga estadounidense. Cuando aún vivía en su país natal, India, se hizo aficionado al Villarreal que disputaba la Copa UEFA de la temporada 2003-2004. Y nunca dejó de serlo. Ahora, en su doble rol de estudioso del juego y de hincha del equipo amarillo, reflexiona sobre el papel que jugó Riquelme: "Quizás sin su genialidad no hubiéramos llegado a las semifinales de la *Champions* y el club no hubiera tenido tanto reconocimiento por todo el mundo".

En particular, Ramineni recuerda los partidos de cuartos de final, ante Inter de Milán. Cuenta: "Aún tengo algunos recuerdos de aquella vuelta de los cuartos de la *Champions*. El Inter llegó a El Madrigal con una ventaja mínima en la ida. No quiso jugar fútbol. Muchas patadas y más patadas. Aquel día Román mostró una serenidad impresionante. Parecía que los otros veintiún futbolistas que estaban en la cancha jugaban una cosa, y Román jugaba otra. Los dos partidos de Riquelme contra Inter son pura belleza. El equipo italiano, a pesar de tener una plantilla mucho mejor y con más experiencia, no pudo con él".

Rodolfo Arruabarrena retoma la discusión acerca de la influencia de un jugador como Riquelme en los equipos en los que participa. Y lo hace con un estudio muy preciso sobre el juego del Villarreal en la Liga de Campeones de la temporada 2005-2006. Explica: "Jugábamos Liga y *Champions*, o sea que competíamos casi todo el año. Y Manuel Pellegrini, si bien los planteles en España son de hasta veinticinco jugadores, tenía en cuenta más o menos a quince. Los demás eran chicos o Manuel no contaba con ellos. Hicimos una pretemporada de una semana, y a la otra semana nos fuimos a Shanghai a jugar amistosos. Y no estaban los jugadores de selección. No estaba Román. Al regreso, ya estábamos en plena competición. Y era la primera vez que Villarreal participaba de este tipo de torneo internacional. En la fase de grupos, Román no estuvo en ninguno de los partidos ante Manchester United. Y nuestro ritmo era de ida y vuelta. No había control de balón. Era muy dinámico, y terminábamos agotados, hechos pelota. Pero, cuando volvimos a jugar con Román, lo hicimos a otro ritmo. Se decía allá que jugábamos al ritmo sudamericano. Desde entonces, aunque seguíamos jugando partidos miércoles y sábado, no sentíamos el desgaste. Con Román teníamos un juego con pausa, sabíamos lo que queríamos y jugábamos en torno a lo que Román y el ritmo de Román imponían. Si no jugábamos con el ritmo que él imponía, nuestro juego tenía mucha dinámica, los partidos salían muy alocados, muy frenéticos, de ida y vuelta. Son hipótesis, pero tal vez sin el juego de Román nos hubiésemos fundido físicamente mucho antes en esa temporada".

En una entrevista con el recordado periodista Jorge *Topo* López, publicada en el diario *Olé* el 12 de marzo de 2011,

Robert Pires, campeón del mundo en Francia 1998 y compañero de Riquelme en Villareal, dijo: "Yo tuve la suerte de jugar con Román Riquelme y quería jugar así, como él, como ustedes. Riquelme me gusta mucho. Sé lo que significa él en la Argentina y lo está haciendo bien con Boca, como aquí en Europa. Estuvimos un año juntos y aprendí que el fútbol es fácil. Tiene un muy buen toque. Cuando tenés la suerte de jugar con él, aprendés muchas cosas".

Pires no fue el único que elogió a Riquelme por su juego en los años de España. Zinedine Zidane lo hizo, y le cambió la camiseta en su partido despedida, en un Real Madrid-Villarreal en el que el jugador argentino fue magia pura. Y muchos otros jugadores siguieron y siguen pensando que han disfrutado su juego como si de un artista se tratase. Rodolfo Arruabarrena ubica a Riquelme en un lugar preferencial en la historia del equipo español: "Creo que en cuanto a juego, Román y Santi Cazorla son los dos más importantes de la historia del club, los diferentes. Hay otros que han marcado una época, pero ellos dos son los más importantes. Román, sin duda, ha dejado huella en Villarreal". Para Ravi Ramineni, "Román ha sido el mejor jugador de la historia del club. Hay varios partidos de Román que son para disfrutar su fútbol fuera del resultado final. Las pausas, la visión, la técnica de sus tiros libres, puedo verlos horas y horas sin aburrirme. Román es un crack y un mago con el balón. Es un genio. Lástima que no ha ganado muchos títulos, pero la gente que le vio en esos años nunca se olvidará de él. Es un fuera de serie".

Roberto Martínez concluye: "Román quedó encantado con el Villarreal y la gente le adora. Para él significó y significa mucho ese club porque respetó su esencia sin intentar cambiar su sello de origen. Esto, a pesar de que las cosas no terminaran todo lo bien que debían terminar con el presidente Fernando Roig y con el entrenador Manuel Pellegrini".

A mediados de 2007, después de pasar cuatro meses inolvidables en Boca Juniors, a préstamo, Riquelme regresó al Villarreal. Pero casi no volvió a jugar. Sus diferencias con Roig y Pellegrini no podían resolverse ya.

Y un día de comienzos de 2008 Juan Román Riquelme dejó para siempre España y volvió a Boca para quedarse. Su experiencia europea había terminado. Siete años antes, cuando el jugador ni siquiera había sido vendido a Barcelona, Carles Rexach, entonces entrenador del equipo catalán, pronunciaba una frase que habría de reproducirse en boca de múltiples opinadores argentinos de los medios de comunicación: "Riquelme es muy técnico, pero algo lento".

9

La falacia de la lentitud

*No tienen prisa las palabras en decir. La urgencia tiene
voz atragantada. La prisa alborota los sonidos y se
acaba por decir todo lo contrario. La rapidez siempre
es extranjera. El barullo es un jeroglífico que no
descifraremos nunca.*
Carlos Skliar

El tiempo se ha detenido.
Samuel Beckett

El discurso dominante de nuestro tiempo es el de la velocidad. La urgencia. No hay tiempo. En la televisión, en la calle, en el fútbol, en cualquier lado. Un canal de noticias necesita decir que es el primero en informar un dato más o menos intrascendente. Pero debe decirlo rápido, para ser de veras el primero que lo haga. Si en la radio alguien hace un silencio, otro necesita hablar, con premura, porque el silencio molesta y ese vacío es inaceptable. A alguien se le ocurre decir que una película es lenta. Como si la medida para disfrutar o comprender una obra de arte fuera su velocidad. La vida virtual profesa la religión de la inmediatez. Hay que escribir rápido, urgente, porque dentro de cuatro segundos será demasiado tarde. Importa poco si escribir rápido implica escribir mal.

Y si la velocidad es el discurso dominante, su manifestación más visible es la impaciencia. Si un auto no avanza ante un semáforo en verde, bocinazos. No es posible aceptar la demora. ¿Cómo es que los peatones no se mueven rápido, para dejarle a uno el paso? ¿Cómo no están apurados? La idea de lo quieto, de lo que se ha detenido, es absurda para quienes no dejan de correr.

En ese contexto, un jugador como Riquelme es contracultural. Y pareciera que también es anacrónico. Como escribió Juan Sasturain en un artículo para el diario *Página/12* al que tituló "Lo pisado, pasado": "Riquelme –saludablemente– atrasa. Riquelme (se) entretiene con la pelota, con la vida en general y resulta un mal entretenido, como decían de los gauchos que usaban su tiempo y su aptitud sin mirar a los costados los usos, costumbres y necesidades de sus utilitarios (potenciales) patrones. Por eso Riquelme atrasa. Porque no solo pisa el césped y pisa la pelota sino que pone todo –la vida, los negocios, los afectos– bajo la suela. Y los protege con el cuerpo".

Cuando Riquelme detiene un contragolpe los relatores de la radio o de la televisión se vuelven locos. No les entra en la cabeza que él no esté urgido. Que no corra. Que no pase la pelota rápido, aunque sea un pase equivocado, para así llegar antes que el rival a alguna indeterminada parte. No es posible comprender, para los apurados, que ese jugador no esté absorbido por el discurso de la velocidad.

El tema de la rapidez pone en debate, en relación con el fútbol, cuestiones como el valor de la preparación física, el lugar que se da al esfuerzo como reemplazo del conocimiento o del talento, y qué espacio queda para la posibilidad de comportarse como si el tiempo no importara, o no existiese. Además, dispone una serie de articulaciones en torno al sistema económico que gobierna a las sociedades occidentales (y a su fútbol), y a las diferencias con sociedades más colectivistas, o más solidarias.

En el fútbol, el apuro se traduce en correr. Jugadores que corren durante todo el partido. Corriendo se es más veloz, parece. Para Sasturain, en relación con el argumento de su nota para *Página/12*, "Román maneja otro tiempo. En él, lo que debe hacer que se demore o se entretenga es la búsqueda por darle un mejor destino al balón. Dicen que se demora, pero te la da siempre segura. Es el valor de la posesión. Él prioriza eso, no dividirla. Y si la tiene que arriesgar, que sea en circunstancias en que las consecuencias de ese riesgo valgan la pena. Es un tipo de jugador que no se produce ahora por la superstición que rige hoy día el sentido común del fútbol. Hay un apuro muy grande".

Para Alejandro Dolina, "lentos son los que comentan, porque quisieran que el tipo agarrara la pelota y la trasladara sesenta metros a ochenta kilómetros por hora. ¿Para qué?". Y reflexiona: "Yo creo que Riquelme es rápido, porque se trata de un tipo que desagota la jugada, que la limpia, que la convierte en otra cosa solamente por su rapidez. Porque rápidamente resuelve algo, y ve algo que otros no habían visto. Entonces, en la jugada que parecía anodina de golpe el tipo vio un agujero y generó algo que no había visto nadie. Esa es la rapidez de Riquelme. Ver donde otros no ven nada. Y convertir una jugada que de simple tenencia de la bola, de esfuerzo para que no nos la quiten, pasa a un pase en un lugar de la cancha en el que un tipo puede hacerle daño al contrario".

Ariel Scher elabora su pensamiento en una dirección familiar a la de Dolina, y sigue: "Riquelme tiene un sistema de ideas que yo ignoro cuánto, además de conceptual, tiene que ver con sus intuiciones. Es difícil saber en el fútbol qué se mecanizó, qué se conceptualizó, y las velocidades de despliegue de eso. Lo que está claro es que Riquelme tiene una resolución de esa conceptualización que le permite ser dueño de los tiempos dentro de la cancha. Muchos años de su carrera Riquelme tuvo una velocidad física promedio no especialmente menor, favorecido por algún elemento de su biotipo. Lo que me parece es que las rítmicas del juego de Riquelme no necesariamente son las más vertiginosas, que es otra cosa. Riquelme juega a una velocidad distinta que el *Chelo* Delgado, y corre a una velocidad distinta que el *Chelo* Delgado, y su técnica se expresa con repentizaciones distintas que las del *Chelo* Delgado. Pero, como hemos visto, pueden jugar juntos".

Jorge Bermúdez complementa la idea de que Riquelme, en sus comienzos, no era un jugador poco veloz en sus desplazamientos. Cuenta: "Yo conocí un Román de dieciocho años, que era rápido física y mentalmente. Hoy tiene que aprovechar mucho más su técnica, su estrategia, su facilidad para desmarcarse en el momento en que lo debe hacer. Él no necesita correr más que el rival. En ese aspecto, está mucho más maduro, mucho más consciente de que puede venir a recibir la pelota más atrás, porque ya no tiene la velocidad para ganar una espalda y sostener una marca continuamente. Pero eso no lo hace menos jugador. En la actual etapa, él encuentra en su inteligencia y en su claridad técnica la manera de seguir sacando ventaja. Tuve la oportunidad de jugar junto a un jugador como Carlos Valderrama, y él con un solo toque hacía lo que otros jugadores, muy rápidos físicamente, hacían con cinco o seis toques. Y la velocidad no está en lo físico. A veces la velocidad es jugar en la instancia justa, en definir la acción antes de recibirla, en sacarse una marca con un pase, y Román lo hace con una facilidad increíble. Zidane era un jugador con esa calidad, que parecía lento pero nadie era capaz de sacarle una pelota. Parecía frenar el juego pero era el que hacía el juego más rápido".

Ariel Scher completa su análisis y lo asocia con el necesario juego de conjunto que implica el fútbol: "Como Riquelme juega todo el tiempo el partido, y juega desde una idea del juego, es como si él (yo no sé si se sienta frente a espejo y lo discute con él, o si el proceso de incorporación le viene por vías menos meditativas), como si él viera variables en los otros que reconoce que con ellas él se asocia bien. Él dice 'bueno, Clemente juega con esta característica, exploro y exploto esta característica'. 'El *Chelo* Delgado, que en otra cultura deportiva quizás podría haber sido un velocista o un medio fondista, por su explosión en velocidad, yo lo uso de tal o cual manera'. Él tiene conceptos que tienen los entrenadores, pero puestos en la geometría del césped, del lado de adentro".

Víctor Hugo Morales describe con claridad las relaciones entre tiempo, espacio y pensamiento en el juego de Riquelme: "La zancada de Román para ganar un espacio es de las más rápidas. No sé si es velocidad física, pero los demás parece que se quedaran quietos. Relaté mil veces esas acciones de Riquelme, por lo que al menos no me pronunciaría en el sentido de que es lento. Lo de la lentitud acontece cuando él determina que la cuestión ya no va por la velocidad. En el fútbol hay un momento en que define la velocidad, pero eso dura un segundo. Acto seguido viene la obligación de pensar cuando los que te esperan en su campo son nueve rivales. Todo acaba de empezar de nuevo. Y Román pone el primer ladrillo".

Torneo Apertura 2000. Riquelme recibe la pelota en medio del área, después de un pase del *Chelo* Delgado. Como si tuviera todo el tiempo existente (y no lo tiene, porque se le vienen encima seis jugadores de Talleres de Córdoba), él decide, de todos modos, que no debe apurarse. Se toma un segundo, menos que un segundo, menos que un imperceptible segundo, para pensar. Cuando parece que no hay tiempo, Riquelme lo encuentra. Y define entre mil piernas y es gol de Boca.

Torneo Inicial 2013. Tiro libre indirecto para Boca cerca del área chica de Atlético de Rafaela, porque el arquero ha tocado con la mano un pase riesgoso de un compañero. La ceremonia, entre el cobro de la falta y el disparo, dura más de tres minutos. En ese tiempo, los jugadores de Rafaela se acomodan y desacomodan sobre la línea de su arco. El arquero arma y desarma la multitudinaria barrera. El árbitro ordena cuanto puede. Pero quien verdaderamente está organizando el ritual, ese ritual de pasaje entre la quietud y el movimiento, entre el apuro y la espera, es Riquelme. Avisa que un rival se adelantó. Da indicaciones a su compañero Juan Sánchez Miño. Habla con el árbitro. Pone las manos sobre su cintura y mira el paisaje. Señala algo que nadie distingue qué es. Le dice a Sánchez Miño que amague dos veces. El árbitro tiene que volver a ubicar a los que forman la barrera. Su compañero amaga una tercera vez. Y cuando todo está dispuesto según su conveniencia, el toque viene y Riquelme patea al arco. Gol. La precisión con la que hace que la pelota supere la multitud y entre en el ángulo del arco es un detalle técnico. El verdadero valor de la jugada es que, luego de manejar el tiempo de la espera, Riquelme maneja el tiempo del movimiento. Porque, cuando Sánchez Miño mueve el balón, Riquelme no patea enseguida. Como ante Talleres, hay un microsegundo de demora entre la llegada de la pelota y su decisión de patear. Y entonces sí ha ocurrido lo inevitable.

Toda la acción parece reponer las palabras escritas por Dante Panzeri, en 1967, en su libro *Fútbol. Dinámica de lo impensado*: "El fútbol es un juego y en consecuencia hay que jugarlo. Secundariamente debemos correr para poder jugarlo. Pero cuando llegamos a esta etapa nos encontramos con la anterior: debemos frenarnos si queremos que lo veloz siga siendo veloz. Debemos frenarnos para jugar". Y luego: "el fútbol es juego de vitalidad cerebral, que necesita del auxilio de la vitalidad física. Pero no podemos invertir estos términos".

Para el escritor Martín Kohan, la jugada ante Rafaela es representativa porque encierra muchos conceptos vinculados con la concepción sobre el juego que tiene Riquelme, y sobre el modo de ejecutar eso que piensa. Dice Kohan: "Él siempre tiene razón en lo que pide, porque conoce el juego. En la distancia de la barrera, por ejemplo. En el indirecto dentro del área ante Rafaela, que uno diría 'es medio gol', él tenía once jugadores adelante. Hizo la pausa necesaria una vez hecho el pase, y ese medio segundo definió todo. Muy a menudo esas jugadas pegan en alguien. Hizo exactamente lo necesario en cuanto a la manera en que le pegó y al medio segundo que se tomó para que entrara".

La escena sirve a Kohan para introducir un nuevo elemento de análisis, en este caso relacionado con la literatura. El argumento es profundo y bello y futbolero por donde se lo mire. Explica el escritor: "Esa característica del juego de él, que los torpes creen que es lentitud, es un manejo de los tiempos extraordinario. Tiene que ver con la omnisciencia y con la comprensión completa del juego. Yo lo he visto muchísimo, y muchísimas veces en la cancha, y nunca lo vi detener una jugada cuando había que acelerarla. Nunca lo vi cometer ese error. Nunca. Nunca lo vi frenar un contragolpe. Nunca vi que le picara Palacio, o que le picara Pablo Mouche, y él hiciera la vuelta. Eso a veces es un defecto del que mira fútbol solamente por televisión. En la cancha, donde se ve todo, nunca lo vi hacer la pausa y que le picara alguien libre. Nunca. Si hace la pausa es porque no tiene con quién descargar. Hubo partidos que vi por televisión, por ejemplo en el Mundial 2006, y recuerdo que lo criticaban por frenar. Yo estaba seguro, porque lo vi cien veces en Boca, de que no debe haber habido una sola vez que frenara desperdiciando un pase posible. Si giró y si dio la vuelta es porque no tenía pase. Él maneja extraordinariamente los tiempos de un partido. Cosa que un tipo lento no podría hacer, porque un tipo lento siempre es lento. Maneja los tiempos, logrando por momentos estados de suspensión, que exageradamente podemos decir que los logra 'a lo Samuel Beckett'. Eso otra vez remite a Dios. La capacidad de detener el tiempo. Congela. Produce una especie de congelamiento del tiempo. Y lo hace siempre que el partido lo requiere. Nunca se lo vi hacer en momentos en que había que apurar. No está nunca apurado, salvo cuando hay que apurarse".

En la obra *Esperando a Godot*, del escritor irlandés Samuel Beckett, hay una espera que es vana y es terrible y es grotesca. Pero no hay apuro. Hay una infinita, dolorosa paciencia.

En su libro *Una geografía del tiempo*, el filósofo y psicólogo estadounidense Robert Levine se propone pensar acerca de preguntas como qué es el tiempo, de qué modo se percibe en diferentes sociedades, y qué es lo que hace que esa percepción cambie tanto. En el desarrollo de su argumentación, explica que la ciencia ha investigado un síndrome denominado "la enfermedad del apuro". Este problema se presenta cuando "el sentido de la urgencia de tiempo se vuelve extremo y habitual", y cuando las personas se sienten "forzadas a correr aunque no existan presiones externas de tiempo reales". En ese mismo libro, Levine despliega ideas acerca de cómo los deportes son ámbitos en los que puede ocurrir una especie de "suspensión del tiempo" similar a lo que Martín Kohan mencionó sobre Riquelme y Beckett.

Ahora, consultado acerca de las implicancias de la suspensión del tiempo y de la "enfermedad del apuro" en el fútbol, el académico responde: "La velocidad puede ser un activo pero precipitarse con frecuencia conlleva a problemas, no solo al agotamiento, sino también a una mala toma de decisiones. La llave, en el fútbol y en la vida, es controlar el tiempo. El joven Siddhartha de Hermann Hesse creía que 'Todo el mundo puede hacer magia, todo el mundo puede llegar a su objetivo, si es capaz de pensar, esperar y acelerar'. En manos de un gran maestro, los tiempos 'lentos', los espacios entre la acción, pueden ser críticos. Uno necesita estar tranquilo, en calma y recogido, precisamente hasta el momento correcto. Esto no ocurre cuando uno se siente apresurado. El poeta Rilke lo entendió bien. Bajo su escritorio, decía él, había escrita una sola palabra: 'espera'".

En *Una geografía del tiempo*, Levine dice que los deportistas occidentales manifestaron, en diversas ocasiones, que habían entrado en una especie de "zona" de expansión del tiempo. Como si, durante el desempeño de su actividad, hubiesen percibido el tiempo de una manera completamente distinta a como lo habrían percibido fuera del campo de juego. Y como si pudiesen controlarlo a gusto. Pero, ¿es posible el ingreso a esa "zona" en un deporte urgente y urgido como el fútbol? ¿Y en un fútbol urgente y urgido como el argentino? ¿Puede un equipo entero ingresar en una "zona"? Robert Levine responde: "Ciertamente parece que sí. Los jugadores, luego de un gran juego, suelen decir que todo el tiempo sabían que iban a ganar, aun cuando estaban muy por detrás en el marcador. Hay una tranquilidad que acerca a esta creencia: no hay necesidad de apurarse, solo hay que jugar el juego, pero estando concentrados y con cuidado de no desperdiciar el tiempo. Esto es lo que significa que el jugador controle el tiempo, y no al revés".

En cierto sentido, los conceptos de Levine tiene resonancia en palabras del músico y docente Stephen Nachmanovitch, que en su libro *Free play. La improvisación en la vida y en el arte*, escribió: "Todos hemos observado la intensa concentración de los niños en el juego, esa concentración de ojos muy abiertos en la que tanto el niño como el mundo desaparecen, y solo queda el juego. Los adultos involucrados en un trabajo que aman también pueden experimentar estos momentos. Es posible *convertirse* en lo que uno está haciendo (...); el sentido del tiempo se detiene. Uno se siente alerta y vivo; los esfuerzos no requieren esfuerzo (...). Absorbido en la pura fascinación del juego, de las texturas y resistencias y matices y limitaciones de ese medio particular, se olvida del tiempo y el lugar en que está. El sustantivo del sí mismo se convierte en verbo".

En el trabajo de Robert Levine es muy importante la idea de que las sociedades más individualistas, como puede ser la estadounidense, son más rápidas, o todo sucede con mayor apuro, que en las sociedades que ponen énfasis en los valores colectivos. La pregunta es si esta concepción puede trasladarse a la práctica de fútbol. Robert Levine explica: "El fútbol requiere un matizado, siempre cambiante *mix* de desinterés cooperativo y esfuerzo individual. La velocidad pura tiende a ser más exitosa cuando el lado individualista del desempeño es el predominante. Cuando estás cooperando –como bien hacen los colectivistas– la regla es la sincronía. Quieres mejorar la velocidad colectiva, por supuesto. Pero los ritmos de tu equipo, entendiendo cuándo acelerar y cuándo disminuir la velocidad, tienden a ser más importantes. La coordinación de este sentido más complicado de tiempo pide armonía de grupo. Este es un ejercicio de colectivismo. Luego –detalla– está el reto de coordinar sus acciones con las de su oponente. Si usted puede crear un ritmo que retrase el de su oponente, sería el equivalente a acelerar, ¿no es así? Si usted puede disminuir la velocidad del otro equipo, la suya ya se ha vuelto más rápida".

Si las sociedades más individualistas tienden a estar más urgidas que las colectivistas, resulta lógico que la velocidad esté relacionada con la noción de productividad. El filósofo Lucas Álvarez lleva el análisis al terreno del juego: "El fútbol es parte del mercado de capitales, y como tal se vincula con el tema de la velocidad. El capitalismo, es una obviedad decirlo, funciona en base a la urgencia de producir en el menor tiempo posible la mayor cantidad de bienes. Basta ver *Tiempos modernos* de Charles Chaplin para tener una idea de eso. En el sistema de producción frenético, una pausa implica una pérdida de dinero".

Luego, argumenta Álvarez: "Siguiendo con la cuestión del capitalismo y la velocidad, en la administración de empresas una cuestión fundamental es la de la toma de decisiones. En general, se supone que las decisiones se deben tomar rápido, cuanto más rápido mejor, porque eso genera confianza en el jefe y porque, en última instancia, se puede ganar más (y antes que el resto). Sin embargo, el problema que siempre presenta ese paradigma de la instantaneidad es que muchas decisiones no se pueden tomar de manera rápida porque requieren un proceso riguroso de análisis, algún tipo de reflexión, algún tipo de pausa, todo eso para minimizar el riesgo de cometer errores. Pero, nuevo problema: tampoco todas las decisiones deben tomarse de manera lenta. Entonces, hay que saber cómo decidir, se debe decidir cómo decidir. En eso radica un poco el secreto".

Decidir, entonces, cómo decidir. Decidir haciendo algún tipo de pausa. La pausa necesaria para no verse superado por las urgencias. Reflexionar para que el riesgo sea menor. No dejar que el tiempo nos controle. Combinar la búsqueda colectiva con las capacidades individuales. Manejar los tiempos lentos. Todo un manual de estilo del pensamiento futbolero que maneja, como nadie, Juan Román Riquelme. Mientras él es un libro de fútbol, y se toma su tiempo para sentarse y leer, alguien grita, desde la tribuna o desde un micrófono, "¡corré!".

El discurso de la velocidad suele tener difusores recurrentes. A veces, el circuito es el de cierto periodismo. En muchas otras oportunidades, son los propios entrenadores los que promueven la idea de que al fútbol debe jugarse rápido, ahora, porque no hay tiempo. Es lógico. El mismo funcionamiento del negocio del fútbol hace que no haya tiempo. Un director técnico que pierde algunos partidos consecutivos se queda, casi siempre, sin tiempo para corregir los errores. Su trabajo ha terminado antes de que él pueda advertirlo (y convendría pensar cuántas veces esa urgencia está relacionada más con necesidades de quienes difunden noticias, o creen que su trabajo consiste en difundirlas, que con las necesidades de los clubes o de sus simpatizantes).

Hay entrenadores, de todos modos, que exponen sin prejuicios su concepción *velocista* del fútbol. Uno de ellos ha sido Marcelo Bielsa, que ha pronunciado algunas frases muy significativas de una manera de pensar el juego: "Soy partidario de un fútbol más urgente y menos paciente, porque soy ansioso y también soy argentino; yo siempre les digo a los muchachos que el fútbol para nosotros es movimiento, desplazamiento. Que hay que estar siempre corriendo; a cualquier jugador, y en cualquier circunstancia, le encuentro un motivo para estar corriendo. En el fútbol no existe circunstancia alguna para que un jugador esté parado en la cancha".

Pero, como todo discurso dominante, el de la velocidad tiene un discurso opuesto, que busca subvertirlo. O al menos intenta enfrentarlo. Por eso existen entrenadores que pregonan un juego más pausado, o más pensado, o que al menos incluya la posibilidad del pensamiento.

En el libro *Palabra de entrenador*, del periodista español Orfeo Suárez, Alfredo Di Stéfano decía: "Correr es importante, pero solo si sabes jugar, porque una cosa es darle a la pelota y otra interpretar el fútbol. Peucelle me dijo una vez, mostrándome la pelota: '¿Sabes de qué está hecha?'. 'De cuero', le respondí. '¿Y de dónde sale el cuero?', continuó. 'De la vaca', contesté. '¿Y qué come la vaca?', añadió. 'Pasto', dije yo. 'Pues ahí quiero la pelota, en el pasto', concluyó".

En el mismo libro, Suárez cita una famosa frase de César Luis Menotti, que dice: "Se puede dejar de correr, o dejar de entrar en juego durante largos minutos; lo único que no se puede dejar de hacer es de pensar".

En todo caso, puede decirse que las palabras de Di Stéfano y Menotti, fuera del valor conceptual que encierran, corren riesgo de sonar a abstracción o especulación, y que no necesariamente deben leerse en función del juego de Juan Román Riquelme. Diferente es el caso de Manuel Pellegrini, que dirigió a Riquelme en su mejor experiencia europea, y que, en efecto, puso en práctica los conceptos que expone. En diálogo con Orfeo Suárez, el entrenador chileno dijo: "Siempre les digo a mis jugadores: el que lleva el balón, lento para pensar; el resto, rápido. Si el que conduce va a cien por hora, no tiene tiempo para desarrollar su técnica; si los demás no son veloces, no pueden darle alternativas".

Opina Diego Markic: "Desde el juego me parece casi imposible criticarle algo a Román. Si el fútbol fuera una cuestión de velocidad física, jugaría Usain Bolt. Román es rápido de arriba. Yo siempre me fijaba en el *Checho* Batista, que era lento, pero sabía lo que iba a hacer antes de que le llegase la pelota, y no se la podías sacar. Con Román pasa lo mismo. Él sabe lo que va a hacer. Es rápido de cabeza, que es lo más difícil. La diferencia la siguen haciendo los que juegan bien".

Juan Manuel Herbella también apela a la comparación con el atletismo: "la única forma de analizar la velocidad en el fútbol es a través de la resolución con el elemento. Si fuera solo una cuestión de velocidad, Ben Johnson, Carl Lewis y otros velocistas de hace veinte años hoy podrían jugar al fútbol. La velocidad es una cuestión de solución con el elemento. Entonces, la velocidad para dominar (que Riquelme la tiene impecable) es muy importante. Después está la velocidad de ejecución y la velocidad de traslación con la pelota. Esas son las tres velocidades con las cuales uno podría evaluar el fútbol. A qué velocidad domina, a qué velocidad ejecuta y a qué velocidad traslada. Claramente, la velocidad de Riquelme en el traslado no es su mayor virtud. Nunca lo fue, y con el paso del tiempo lo es cada vez menos. Pero la velocidad para dominar y para ejecutar las sigue teniendo".

Sergio *Cachito* Vigil, que es entrenador de un deporte en

el que se juega muy rápido, reflexiona: "Él corre mientras está parado, tiene una dualidad permanente en el juego. Es un jugador que, mientras está parado en la cancha, corre. Lo que corre es su cerebro. Su cerebro no descansa nunca. Cuando él está detenido en el campo, está accionando la posible acción. Su acción está pasando por su mapa cerebral y está preparando a sus músculos para actuar. Y lo que tiene es una paciencia muy pocas veces vista. Su paciencia no es quietud, sino que es búsqueda permanente. Yo he observado otros jugadores (grandes jugadores) que cuando están parados están ausentes. Riquelme, cuando está parado, nunca está ausente, nunca está fuera del juego. Él está parado por algo y él está corriendo por algo".

Para Mauro Navas, la cuestión de la paciencia, tan irritante para aquellos que están siempre urgidos, es un valor que ha ido extraviándose en el fútbol, y agrega: "Como la paciencia se ha perdido, desde chicos los pibes quieren gambetear siempre, hacer goles, y se toman menos tiempo para jugar. Muchas veces no se dan cuenta de que la paciencia es muy importante. Es difícil decir a los chicos 'tenés que tener paciencia', porque vivimos en un tiempo de apuro. Riquelme tiene un gran talento que necesita su tiempo, necesita su pausa. Por eso me da risa cuando lo apuran, cuando dicen que tiene que hacer esto o lo otro, cuando dicen que tiene que correr más. Cuando se dice que debería correr más, yo digo que es al revés, porque si corriera más tendría que pensar menos. Y perdería la elegancia".

En una entrevista al diario *Clarín* del 18 de octubre de 2013, Riquelme dijo: "Correr, corre cualquiera. Hoy una persona se pone a entrenar todos los días y corre los cuarenta y dos kilómetros de una maratón. A veces escucho en la tribuna '¡corré más!' y yo pienso que eso lo hace cualquiera. Te preparás, corrés todos los días y terminás en una maratón. Mucha gente de cuarenta o cincuenta años hace eso. Correr, corre cualquiera, pero jugar al fútbol es más complicado". Mónica Santino está de acuerdo: "Toda esa cuestión de que Riquelme es *pecho frío* porque no corre es para la gilada. Porque el fútbol no es un deporte de atletas. Claro, correr, corre cualquiera, pero lo que hace Riquelme es muy difícil. Muy difícil". En ese sentido, Riquelme se parece a aquello que dijo Jorge Valdano sobre Romario y Marco Van Basten en el libro *Sueños de fútbol*: "Son tipos que no hacen concesiones demagógicas, que no se sienten culpables de nada; entre otras cosas, porque no lo son. Pierden cinco balones seguidos y no se ponen a perseguir adversarios para compensar con esfuerzo los errores que han cometido. Siguen siendo fieles a su capacidad, esperando una nueva oportunidad".

Para Ángel Cappa, que ha trabajado mucho tiempo con Valdano, "ser veloz en el fútbol no es correr más rápido sino llegar antes, y llega antes el que antes ve la jugada y el que tiene precisión para aprovecharla. Un equipo rápido sin pausa es un equipo lento, porque termina chocando y hay que empezar otra vez. Para ser rápido hay que saber frenar. Riquelme ve antes que ninguno la jugada y tiene la precisión necesaria para aprovecharla. En ese sentido es rapidísimo. La velocidad sin precisión, en fútbol, no significa nada. Riquelme es un futbolista rápido y posiblemente un atleta lento, pero como juega al fútbol no podemos decir que sea lento, sino todo lo contrario". Cuando Martín Caparrós describió a Riquelme como "el cerebro, un prodigio de lentitud velocísima", estaba pensando en conceptos similares a los de Cappa.

Antonio García Ameijenda, que era un mediocampista más pensante que corredor, considera que la rapidez con la que se pretende que se mueva Riquelme muchas veces corresponde a una necesidad ajena a los propios mecanismos del juego. Explica: "A veces la gente quiere que la pelota llegue al área, que pateen, que se apuren. Pero todo tiene un proceso. Más cuando enfrente hay ocho tipos defendiendo. Porque antes el fútbol era a lo largo de la cancha, y había más espacio. Entonces, ¿por qué a veces Riquelme la pasa para los costados? Porque está esperando que se desacomode alguno de los defensores".

Además, García Ameijenda recupera la problemática del entrenamiento, de la preparación física, en función de la velocidad que se espera de cada jugador en un partido. Y dice: "Yo sostengo que todos los jugadores no pueden hacer el mismo entrenamiento. Los físicos no son todos iguales. Yo prefiero que un jugador como Riquelme tenga el jugo para el domingo, y no que el jugo se lo saques en la semana. Que le dejen nafta para gastar, no que la gaste un martes. Héctor Veira eso lo hacía muy bien. Él veía quiénes eran máquinas corriendo, por ejemplo Arruabarrena, y sabía que el domingo corrían igual. Pero son otros físicos. A Román, cuando le querés hacer agarrar el ritmo de los que más corren, lo matás. Porque mentalmente no está preparado para eso. Él mentalmente está para jugar. Y con un trabajo que sea la mitad de lo que hacen los otros, con eso ya está listo".

Carlos Balcaza, que fue entrenador de un Riquelme todavía adolescente, dice: "Román viene un poco de la misma formación del *Bichi* Borghi. Es un jugador con picardía. El fútbol es un juego de picardía. ¿Cuál es la picardía de Román? La picardía está en cómo hace la pausa. Él ya sabe qué va a hacer con la pelota antes de recibir el pase. Es una picardía porque le está ganando una milésima de segundo al rival".

En septiembre de 2014, luego de un triunfo ante Olimpo en Bahía Blanca, el entrenador de Boca Juniors, Rodolfo Arruabarrena, declaró ante el periodismo que su equipo no había jugado bien, a pesar de haber obtenido una victoria importante. Y remarcó su concepto con cinco palabras significativas: "Nos apuramos. Fuimos muy previsibles".

10

Los años en la Selección Nacional

Hace un poco de frío, y los pibes corren en el patio como si jugaran una final del mundo. Gritan, transpiran, se enloquecen. Alguno se lleva por delante el borde de la mesa y un vaso con gaseosa vuela sin rumbo. Mientras tanto, hay uno que espera, sentado. Solo espera. Y prefiere no correr tanto, sino observar. Un rato después, alguien llama a todos y los reúne junto a la mesa. Cantan una canción que conocen desde siempre, y esperan que el cumpleañero sople las velitas. La torta tiene decoración azul y amarilla. Él sopla. Una, dos, nueve. Cumple nueve años.

Ese mismo día, a trescientos kilómetros, alguien nace. El día está un poco más caluroso que en el lugar del cumpleaños. Pero en algo se parece ese niño recién venido al que mira a los demás correr. Uno y otro van a aprender a contar hasta el mismo número. Lo harán a su modo, cada uno, pero lo harán. Solo contarán hasta diez.

Veintiún años después, lejos, lejísimos de Don Torcuato y Rosario, ellos estarán juntos. Un estadio repleto va a conmoverse cada vez que toquen la pelota. Sobre todo, cada vez que tiren paredes o se busquen con un pase. Y eso va a ocurrir muchas veces. En el partido con Brasil por las semifinales de los Juegos Olímpicos, Argentina va a ganar tres a cero. Y terminará el juego y Juan Román Riquelme y Lionel Messi seguirán pasándose la pelota.

Podría haber jugado cinco, pero Riquelme solo estuvo en una Copa del Mundo. Fue en el año 2006, en Alemania. Antes, ya había sido dejado fuera del equipo que fue al Mundial de Francia en 1998, y del que disputó la copa de 2002 en Corea y Japón. Luego, se alejaría él mismo del seleccionado en 2010, por diferencias con el entrenador, y no sería tenido en cuenta para Brasil, donde Argentina llegó a la final con Messi como eje ofensivo. Antonio García Ameijenda opina: "Para mí, Riquelme debería haber jugado el Mundial 2014. Aun con su edad. Yo lo hubiera llevado. Él podría haber solucionado un montón de problemas a Messi".

Martín Kohan acuerda con García Ameijenda, y remite su análisis al Mundial anterior. Dice: "Riquelme es un tipo muy inteligente. Si le tocaba jugar con Messi, ¿qué disputa iba a haber ahí? Habría sido el Iniesta de Messi en la Selección. Fue una función que Messi echó de menos muchísimo. En el Mundial 2010, claramente. El pase en cortada, como le da Iniesta, lo echó de menos. A Messi le habría encantado tener a un tipo que lo asistiera. Es un fracaso del entrenador no haber podido resolver eso. Es parte de su laburo integrar a un tipo que se supone que es complicado. Es una parte más de sus funciones".

Horacio Pagani analiza por qué Riquelme no jugó más mundiales con la Selección Nacional: "Ocurre que se acabaron los jugadores pensantes. Desde el momento en que se declaró la dictadura de los entrenadores, los jugadores fueron perdiendo independencia. Se transformaron en meros cumplidores de órdenes, y el síntoma de que esto es así es el caso de Bielsa. Cuando fue el Mundial 2002, Román tenía veinticuatro años. Venía siendo figura superlativa en Boca, había sido decisivo en el triunfo contra el Real Madrid, y Bielsa no lo llevó a la Selección, detrás de la idea de que él no necesitaba un armador de juego. Él quería jugar a la europea, con tránsitos rápidos por el medio de la cancha. Siempre se le destaca a Bielsa la actitud ofensiva de sus equipos, pero la lógica indicaba que jugando a la europea contra los europeos iba a tener problemas. Como los entrenadores quieren decidir todo desde afuera, no les gusta tener un jugador que decida adentro. Los tipos más vivos, como Basile o Pekerman, dejaban que Román decidiera el movimiento del equipo dentro de la cancha".

Para Juan Manuel Herbella, "cuanto más excluyente es un jugador en cierta faceta del juego, más repercute en el rendimiento. Pero eso depende del rol que le da el entrenador al jugador. Hay jugadores que quisieran tener un rol más protagónico y el entrenador no se los da. No casualmente Riquelme jugó poco y nada en la Selección de Bielsa, pese a ser el mejor Riquelme en su mejor momento. ¿Por qué? Porque hay entrenadores que te dan tu lugar y otros que no. Bianchi con Riquelme siempre fue muy generoso y muy paternalista en el juego, y en llevar el juego del equipo en función de las características de Riquelme".

Alejandro Dolina acuerda: "Riquelme es un tipo que ha sido postergado de la Selección por cuanto director técnico ha aparecido. Se enorgullecían por no ponerlo. Riquelme tiene muchas razones para fastidiarse. ¿Cómo no va a estar fastidiado? Si él sabe (porque lo sabe) que no ha sido reconocido como corresponde. Hubo tipos que lo han enfrentado con odio. Sé quién tiene razón. Y sé que el que juega bien es Riquelme. Y sé que no lo han puesto tipos de esa talla, de esa ínfima talla".

Antes de debutar en la Selección Mayor, Riquelme brilló en los seleccionados juveniles. En el verano de 1997, José Pekerman lo convocó para el seleccionado Sub-20 que iba a disputar el sudamericano en Chile, con el objetivo de clasificar al Mundial de Malasia. Riquelme jugó todos los partidos, metió tres goles, y el equipo fue campeón.

Diez años después, Pekerman escribió un artículo para el diario *El País* de España, titulado "El antilíder", en el que recordaba un momento fundamental de ese torneo. Argentina debía enfrentar a Brasil en las semifinales. Y lo que ocurrió, para el entrenador, sirvió para definir la personalidad de Riquelme en el campo. Dijo Pekerman: "Antes de ir al estadio, en la charla técnica, hice hincapié en lo bien que le pegaban los brasileños a la pelota. Pedí a los jugadores que no hicieran faltas cerca del área y que armaran bien la barrera.

En el descanso el partido iba 1-1, muy parejo. Recuerdo que Román recibió un balón al borde del área, producto de un rechace de los defensas. Amagó, pasó entre los dos centrales y, cuando el portero le salió al cierre, volvió a amagar. Hizo como que tiraba fuerte y la colocó despacito. Fue un golazo. Salió corriendo y fue al banquillo. Pasó a dos metros y me gritó: '¡José, cómo patean los brasileños!'".

En julio de 1997, Argentina obtuvo el título en el Mundial. Riquelme fue una de las grandes figuras de un equipo que hacía lugar para él y para otro número diez, Pablo Aimar. A la distancia, recuerda el mediocampista que brilló en River: "Fue una época espectacular. Éramos juveniles, y podíamos jugar juntos. Cuando perdíamos la pelota nos acomodábamos, presionábamos e intentábamos recuperarla entre todos. Como había una sola pelota, si la teníamos nosotros no la tenía el rival. Pero tiene que haber alguien que se anime a hacer eso. Que se anime a poner a varios futbolistas de características parecidas y enseñarles o inculcarles que hay que sacrificarse un poco. Eso es mucho más fácil que agarrar a cinco o seis jugadores con poca técnica, que corren mucho, que son muy sacrificados, y pedirles que jueguen un poco mejor".

Diego Markic, que era el capitán del equipo, recuerda: "Además de la técnica evidente, jugar con él significaba ver a alguien que la pedía siempre, que estaba siempre desmarcado. La quería siempre. No se escondía nunca. Sabía dónde meterse para agarrarla, y te hacía descansar. Se la dabas a él y sabías que no la perdía".

Pekerman, en su nota titulada "El antilíder", escribió sobre Riquelme: "Es el dueño de la pelota. No lo acreditan sus palabras, sino sus hechos. En la final del Mundial Sub-20 de

Malasia, en 1997, Argentina se enfrentó a Uruguay. El partido empezó mal para nosotros. Uruguay dominaba. Era el único equipo que había en el campo. Desde el banquillo lo veíamos todo negro. Los jugadores estaban perdidos. Pero en el momento de más desorientación ocurrió algo extraordinario. Román se acercó a la banda y me dijo: 'Tranquilo, tranquilo, que ahora empiezo a jugar'. Entonces empezó a pedir la pelota. Y con la pelota fue cambiando el ritmo del partido. En el momento de mayor desconfianza, cuando el equipo se había dejado atrapar por la inseguridad, Román tuvo claridad, convicción y sangre fría".

Un año después, José Pekerman fue el responsable de formar el plantel Sub-21 que disputaría el Torneo Esperanzas de Toulon. Markic y Riquelme compartían el lugar de concentración, y el actual entrenador recuerda que "aunque veníamos de ganar el Mundial juvenil, él no estaba jugando tanto en Boca. Me acuerdo –sigue– que me dijo 'este torneo tiene que ser bueno para poder dar el salto'. Así fue, porque la rompió, fue el mejor jugador del torneo y a partir de ahí cambió un poco su futuro".

Ese campeonato expuso a Riquelme ante el mundo del fútbol. Ese jugador, que ya había liderado al campeón juvenil del año anterior, ahora confirmaba que su juego era cosa seria. Diego Markic reflexiona sobre los valores que mostró Riquelme en esa etapa en la que fueron compañeros: "Para mí, lo más importante de él es que en el concepto de la jugada no se equivoca nunca. Desde joven se le nota. Después, puede errar algún pase, pero si la jugada pide que dé la vuelta, él da la vuelta, si pide que juegue corto, él juega corto, si tiene que ser largo, juega largo. En el concepto de la jugada él no se equivoca".

A pesar del gran nivel en que jugó Riquelme, y aunque su lugar en Boca Juniors empezaba a crecer de a poco, Daniel Passarella, entrenador de la Selección Nacional, no lo llevó al Mundial de Francia de 1998. Fue la primera vez, y no la única, que un director técnico decidía dejarlo fuera de una Copa del Mundo.

El 8 de junio de 2005, la Selección Argentina dio una exhibición de fútbol ante Brasil, en el estadio Monumental. Era un partido por las eliminatorias sudamericanas para el Mundial de Alemania. El líder futbolero de esa demostración fue el jugador con el número ocho en la espalda. En uno de sus momentos supremos, un defensor brasileño revoleó la pelota hacia la mitad de cancha, y Riquelme la bajó, de primera, con un taco para Javier Mascherano. El número cinco se la pasó a Luis González, que se la dio a Riquelme cerca de la medialuna. Él giró hacia la izquierda, se sacó de encima al marcador, y mientras el relator de la transmisión decía "invente, Román, invente", él sacó un zurdazo que dejó quieto al arquero Dida. El estadio cantó por él como había hecho, nueve años antes, la hinchada de Boca en su debut en Primera. *Riqueeelme... Riqueeelme...*

Jorge Bermúdez analiza el papel que ha tenido Riquelme en sus distintas etapas en la Selección Argentina: "Román, como todo enganche natural, depende de que el equipo y el entrenador crean en su función. El diez tiene ese problema, ese bloqueo, esa necesidad de convencer más que cualquier otro jugador de campo. Todo el equipo tiene que creer en la labor del enganche. Y todo técnico que lo utilice tiene que darle la posibilidad de interpretar todo su libreto. En su mejor etapa en la Selección Argentina se le brindó esa importancia, se le brindó esa responsabilidad, se creyó en Román como esa manija, que llevaba una identidad, una idea de juego, que era la que él representaba. Me queda la imagen del Román brillante, en la Selección también. Me queda la imagen de un jugador que siempre fue fiel a su criterio, fiel a lo que es, aun en la Selección. Y me parece que lo que se pudo aprovechar fue muy bueno pero también la Selección Argentina se perdió, en muchos casos, de Riquelme, por diferencias conceptuales con el entrenador de cada momento". Horacio Pagani recuerda: "En la Selección de Pekerman, Román era una pieza fundamental. Con ese entrenador él era el armador del equipo".

En 2006 se jugó el Mundial de Alemania. Riquelme usó la camiseta número diez y guió el juego del equipo en los partidos de la fase de grupos. Ante Costa de Marfil fue fundamental en los dos goles. Ante Serbia y Montenegro fue un festival de toques, pases y pisadas, y la organización lo eligió como el mejor jugador del partido.

En octavos de final, ante un equipo muy duro como México, su influencia fue algo menor, pero hizo un esfuerzo físico que pocas veces se recuerda. De todos modos, el primer gol del equipo vino por un pase de Riquelme desde el tiro de esquina. Argentina ganó con un golazo de Maximiliano Rodríguez en el alargue, y llegó a cuartos de final ante el local.

Cuando Pekerman lo cambió en el segundo tiempo ante Alemania, Argentina ganaba uno a cero y estaba clasificando a semifinales. El gol de Roberto Ayala, como en el partido anterior, había sido luego de un pase de Riquelme desde la esquina. Más tarde llegó la lesión del arquero

Roberto Abbondanzieri, el empate alemán, el tiempo suplementario y los penales. Y Argentina quedó fuera. Como Riquelme. En ese Mundial, Riquelme sería el mayor asistidor, con cuatro pases de gol, aun cuando jugó cinco partidos y no siete.

Para Rubén Capria, "Román ha sido exageradamente castigado en el Mundial 2006. Para mí fue un jugador vital. Lo que no se entiende es que es un juego de equipo, que no depende de un solo futbolista. Un día la respuesta te la da un jugador y al otro partido la respuesta te la tiene que dar otro futbolista".

En su artículo de 2007 para *El País*, José Pekerman escribió: "Siempre me asombró su inteligencia para simplificar. De todos los jugadores que he dirigido, niños y adultos, Román ha sido el más dotado para conducir a un equipo. A los quince años ya manejaba todos los tiempos de un partido. Igual que ahora. Hacía mejores a sus compañeros. A los laterales les ponía el balón dos metros por delante para que entrasen bien perfilados; con los extremos era hábil para meterles el pase en el momento justo, para que ganaran la espalda a sus oponentes; a los nueves los hacía goleadores, y a los medios los volvía más ordenados. Después de quince años no ha perdido la capacidad de hacer mejores a los demás. En la cancha es donde concentra sus sentimientos más elevados. Es su hábitat. Todo lo demás, para él, es secundario".

En 2007, Riquelme venía de ser el mejor jugador de la Copa Libertadores ganada por Boca Juniors. En el segundo semestre, el entrenador del Villarreal, Manuel Pellegrini, ya no lo tenía en cuenta, por diferencias ajenas al campo de juego. Sin jugar en su club, de todos modos Riquelme fue el eje de la Selección que dirigía Alfio Basile.

Horacio Pagani recuerda: "En la Copa América de Venezuela, Argentina era un equipo fenomenal. Estaban todos. Basile lo había reunido a Riquelme con Verón, Tevez y Messi. Era un violín ese equipo, con Román como estandarte. Esa Selección era una maravilla".

El equipo llegó a la final con un fútbol lucido, que privilegiaba la tenencia del balón, la gambeta y los pases interiores. Messi y Riquelme se entendieron como nunca. En semifinales, Argentina ganó tres a cero, con los dos líderes futboleros en máximo esplendor. Algún comentarista se atrevió a decir: "No importa lo que ocurra en la final. Este equipo ya está en la historia grande del fútbol".

Aunque el partido decisivo lo ganó Brasil tres a cero, la belleza del juego por parte del seleccionado argentino resultaría de todos modos inolvidable. Fue un encuentro extraño, en el que Riquelme fue el único jugador de su equipo que pateó al arco rival, y en el que Brasil jugó de contraataque y metió los goles por errores defensivos de Argentina. Habría tiempo para que los mismos comentaristas, que tanto habían elogiado al equipo, dijeran ahora que estaban hartos de jugar bien y perder.

Terminado el torneo, el número diez había convertido cinco goles en seis partidos, y había regalado pases de todas las maneras posibles. Gabriel Milito, que era parte del plantel de la Copa América, dedicó palabras especiales a Riquelme en el libro *Historia de un mariscal*, de Vicente Muglia. Dijo Milito: "En toda mi carrera en el fútbol hubo solo dos futbolistas que al entrar a una cancha yo sentía que si ellos jugaban para mi equipo no podíamos perder. Uno es Messi. El otro, Román. Entrabas al campo de juego, lo veías a Riquelme de tu lado y ya era una sensación de tranquilidad. Porque él agarraba la pelota en los momentos más calientes de los partidos. Y no solo que la agarraba… ¡Era cuando mejor jugaba! Para cualquier futbolista, tener un compañero con esa personalidad y esa calidad para jugar al fútbol es una garantía".

Un año después del subcampeonato en la Copa América, el equipo dirigido por Sergio Batista se coronó campeón olímpico en Beijing, con Riquelme y Messi en el campo. Ellos, que habían nacido el mismo día, compartían ahora un mérito reservado para muy pocos deportistas de la historia argentina. Y habían sido, en el campo de juego, como en la copa de Venezuela, dos hermanos.

En sus años en todas las categorías de la Selección Nacional, interrumpidos por sus renuncias y por las decisiones de algunos entrenadores, Juan Román Riquelme convirtió veinticinco goles, y dio veintidós asistencias. Jugó setenta y nueve partidos. Mientras estuvo en el campo, su influencia fue decisiva. Luego, cuando estuvo fuera, se escribió y se habló de él tanto como cuando usaba la camiseta celeste y blanca. Tal vez las palabras más precisas sobre la relación de Riquelme con el seleccionado de su país sean las que pensó José Pekerman en aquella nota de enero de 2007 para el diario *El País*. Allí, el entrenador reflexionaba: "Román se abrió paso por la vida a golpe de puro talento. Por su calidad lo han querido hacer líder. Pero él es el antilíder porque nunca asume posturas demagógicas. Nunca perdió la sencillez de su juego. Esa sencillez hace que sufra lo que hay de artificioso y extravagante en el fútbol mediático. Da la impresión de ser un hombre hosco, una estrella. Pero es un niño. Tiene fama y dinero, pero solo quiere ser un niño que juega al fútbol. Porque muere con su idea, es un antisistema en el fútbol moderno. En una industria que se alimenta de la imagen, no es capaz de sentirse cómodo. Tiene la rebeldía que antes tenían tantos jugadores y que hoy se ha perdido. No es que sea indisciplinado. Es que defiende a ultranza su identidad".

Y por todo eso, tal vez, y no por su juego, Riquelme no iba a estar nunca más en un Mundial de fútbol.

11

Riquelme para armar

Cuando el jugador salga a la cancha con un conocimiento cabal del juego, dominio del balón, precisión en el pase, sentido exacto en el desprendimiento de la pelota, ubicación (marcación-desmarcación), acoplamiento con sus compañeros, y estado atlético para soportar el esfuerzo de todo el partido, entonces su personalidad creadora prevalecerá frente a todos los sistemas.
Carlos Peucelle

Una de las cosas que observé siendo niño es que quienes más disfrutaban enseñándote algo eran los que mejor dominaban el balón. En cambio, los que solo eran capaces de entrarle al rival, plantarse en medio del campo y hacer obstrucción o pegar patadas no tenían nada que enseñar (aunque, me temo, mucho que aprender).
Johan Cruyff

Un jugador de fútbol, como toda persona, es una suma de características que conforman una totalidad compleja. Y es difícil, muy difícil, desmontar la suma de las partes que resultan en ese todo.

Pero no es vano el intento. Algunos de los aspectos centrales del desempeño de Juan Román Riquelme en un campo de fútbol ya han sido analizados. Su rol en el juego, su conocimiento de los mecanismos que gobiernan el deporte, su vínculo con otros compañeros. El valor de sus pases y el carácter necesario de su supuesta lentitud. La búsqueda estética de su manera de jugar.

Pero hay otras características, algunas ya insinuadas, que también forman parte de la complejidad de su ser. Todas (aunque algunas simulen lo contrario) corresponden al modo en que se mueve en la cancha. Esas particularidades son: el modo en que se desmarca y cómo protege la pelota; su comportamiento ante los rivales y el espectáculo todo; la singularidad de su pegada; y la personalidad que lo convierte en un jugador diferente a cualquier otro.

Y así es que uno puede imaginarse un Riquelme para armar.

Mayo de 2014. Último partido de Riquelme en Boca Juniors. A los ocho minutos, el número diez recibe la pelota sobre el costado izquierdo, a mitad de camino entre su propia área y la línea de mitad de cancha. Jorge *Marciano* Ortiz, mediocampista de Lanús, se le acerca para marcarlo. Riquelme, de espaldas al rival, protege la pelota. La pisa. Mueve los brazos. Vuelve a pisarla. Vuelve a defenderse con las manos. Apoya los talones para hacer pie. Acerca su espalda hacia el cuerpo del contrario. Todo ocurre mientras Ortiz lo agarra por todos lados, una y otra vez, y le pega en los tobillos. Hasta que el árbitro cobra infracción por parte de *Marciano*. Riquelme, entonces, pone la pelota en la palma de su mano derecha y se la muestra al jugador de Lanús como si intentara decirle "¿la querías? Acá está". Y el estadio muere de amor.

Dos semanas antes, frente a Arsenal, Boca ganaba tres a uno y el reloj marcaba dieciocho minutos del segundo tiempo. Riquelme recibió el balón en campo contrario, cerca del círculo central. Dos jugadores se acercaron a marcarlo, pero el diez de Boca la pisó, hizo un doble taco, y salió con un giro entre los rivales como si estuviera (y estaba) en el patio de su casa. Unos segundos después, dio un pase hacia el costado izquierdo. Sin embargo, si la mirada se aparta de la belleza de la jugada, el mayor mérito de Riquelme, el verdadero motivo del éxito de su gambeta, fue el modo en que protegió la pelota. Porque, cuando ya había salido de la marca con un lujo, uno de los volantes de Arsenal se tiró con los dos pies hacia adelante para intentar llegar, en el mejor de los casos, al balón. Pero Riquelme no lo dejó siquiera pegarle una patada. Con su rodilla derecha flexionada entre las dos piernas de su rival hizo que la pelota quedara lejos del alcance del marcador. Con el jugador de Arsenal en el piso, ahora sí el camino estaba despejado.

Para Martín Kohan, "una cosa extraordinaria de Riquelme es cómo protege la pelota". Y enfatiza: "Es como si hubiese algo entre la pelota y él y el mundo entero le molestara. Todo sobra. Él pisa la pelota y todo, todo, todo, sobra. Y él tiene un gesto, un poco a lo Alberto Márcico, de poner el culo para protegerse de la marca. En Riquelme se agrega una especie de fastidio de que vengan a interferir eso que está pasando entre la pelota y él. Hay brazos, codos. Eso me encanta".

Rubén Capria, que como jugador también debió soportar patadas con más frecuencia de lo deseado, da más detalles acerca de la defensa que Riquelme hace del balón: "Él se la banca porque tiene un porte físico fuerte. Juega mucho con la inercia con la que viene el rival. Como si se apoyara en el otro. Tira su peso al marcador, que tiene que hacer el doble de esfuerzo porque tiene que mover el peso de Román. Y es imposible moverlo. O hay que hacer una falta muy grosera. Él acomoda muy bien el cuerpo y la pelota, en una línea en la que el rival no puede entrar. Genera el lugar más distante entre su cuerpo, la pelota y el rival. Es notable. Y todo ocurre en un milisegundo. Pero hay que mecanizarlo de tal manera que parezca natural".

Para Mónica Santino "hay una plasticidad en el cuerpo de Riquelme, que no todo el mundo reconoce, y que él usa como nadie". Y agrega: "Está el caso de Lucas Pratto en Vélez, que es un tipo que corre rarísimo, que tiene un cuerpo muy extraño, y que pone todo el pie en el suelo cuando pisa. Tiene una carrera atléticamente deficiente pero, sin embargo, es un jugador que aprovecha todo eso y lo pone al servicio de cuidar la pelota. Román tiene otra elegancia para moverse, pero me parece que en cuanto a la protección del elemento se comporta de un modo similar al de Pratto". Además, Santino dice que Riquelme "agacha la cola y pone todo el cuerpo, ¿no? Como que baja el chasis para proteger la pelota. Eso también es impresionante". Para concluir, la entrenadora relaciona el modo que tiene Riquelme de cuidar la pelota con el estado actual de su físico. Explica: "me parece que en ese tipo de jugadas la forma de usar el cuerpo es lo que quizás haga que reciba una gran cantidad de patadas y de golpes que como espectadores nos perdemos. No nos damos cuenta pero usa tanto su cuerpo que por eso está tan golpeado en los últimos tiempos".

Pero no solo es necesario proteger la pelota para conservarla. A veces, es mucho mejor recibirla sin estar marcado. Diego Markic recuerda los momentos en que jugaron juntos, y los relaciona con la cuestión del desmarque: "Él la pedía siempre, y al jugar tantos años juntos uno ya sabía cuándo dársela y cuándo no. Él, aun con la marca encima, venía y la pedía. Aunque la mayor parte del tiempo estaba desmarcado, porque se ubicaba muy bien. En mi posición, se me hacía muy fácil jugar con él. Siempre el primer pase que buscaba era a él. Él siempre estaba cerca y uno sabía que si se la daba él iba a hacer la diferencia".

Para Alejandro Dolina, Riquelme también es brillante en su capacidad para leer el desmarque de un compañero: "Ahí es donde hay que correr. A eso le llamo yo correr en el fútbol. Correr, en el fútbol, significa, al menos en ataque, buscar un lugar donde te la puedan pasar. Se llama el desmarque. Pero no el desmarque de volver para atrás e ir a un lugar de la cancha desierto (porque a veces el lugar desierto no tiene ningún valor), sino pasar, de un instante al otro, de un lugar en donde no sos nadie a un lugar donde sos un peligro. Y eso lo tiene que marcar el compañero de Riquelme. A veces algunos lo hacen, y muchas veces no".

Si Dolina enfatiza en el modo en que los compañeros deben moverse para huir de la marca, para Sergio Vigil, el desmarque propio es una de las características fundamentales del juego de Riquelme. Lo expone así: "Hay algo que hace que es maravilloso. Él está parado y, de repente, se desmarca dos metros y recibe la pelota frente a la presión. Segundo punto. Él está parado, rodeado de cuatro jugadores en una zona, hace dos pasos y recibe en el medio de esa zona. Es lo que se llama la identificación de los espacios de recepción. Román, desde una posición quieta o semidinámica, de repente hace un pique de cinco metros y se encuentra con un pase al encuentro, en una calle. A partir de ahí, ya puede empezar una jugada de ataque al campo rival".

De acuerdo al análisis de Vigil, el desmarque de Riquelme también influyó en muchos goles que hizo en su carrera. Porque sus movimientos le han permitido, en distintas circunstancias, llegar al área sin la pelota. Recuerda *Cachito*: "Hizo goles espectaculares pero también goles simples en los que lo complejo fue cómo llegar a esa situación. A veces, tiene eso del goleador que siempre está en la foto del gol. Él no está constantemente pero cuando llega al área, llega en una posición para hacer el gol. El tema es cómo él se va escondiendo mientras el juego está en otro lugar, para después aparecer". Un ejemplo claro de lo que cuenta Sergio Vigil es el primer gol a Vélez, en el año 2007, durante el primer partido de la serie de octavos de final de la Copa Libertadores. Riquelme hizo un pase hacia la derecha del área. Pablo Ledesma la dejó pasar y la pelota llegó a Rodrigo Palacio. El delantero quiso habilitar a Martín Palermo, pero un rebote impidió que el balón llegara al número nueve. A pesar de todo, Palermo se acomodó y logró pasar la pelota hacia el medio del área, para un jugador que entraba libre. El jugador era Riquelme, que durante los segundos anteriores, como si supiera todo lo que iba a ocurrir, había estado solo, en apariencia desentendido de la jugada. Que terminara ubicando la pelota en el ángulo del arco resultó un simple detalle.

Mayo de 2014. Final de Liga de Campeones de Europa. Atlético de Madrid gana uno a cero y deja a Real Madrid sin su décimo título en ese torneo. Faltan unos segundos para que termine el partido. Entonces Sergio Ramos cabecea luego de un tiro de esquina y empata. Sus compañeros corren, enloquecidos, a abrazarlo. Ramos acaba de darles media hora más de esperanza. El único que no se une al festejo es Cristiano Ronaldo. Sin siquiera levantar la cabeza, camina con parsimonia hacia la mitad de la cancha.

Un rato después, cuando el equipo dirigido por Carlo Ancelotti ya gana tres a uno en el alargue, y la ansiada décima *Champions* ya no va a escaparse, el árbitro cobra un penal. Ronaldo lo convierte, y festeja el gol menos necesario del partido sacándose la camiseta, gritando como si le fuera la vida en ello, mostrando toda su humanidad a una cámara de televisión. Se sabrá luego que esa cámara corresponde a la filmación de una película sobre el delantero portugués. El título más importante de su carrera lo encuentra a Cristiano en una celebración en la que el otro, el compañero, el equipo, son lo menos importante.

Marzo de 2014. River le gana el clásico a Boca en la Bombonera por uno a cero. A los veintidós minutos del segundo tiempo, Juan Román Riquelme empata de tiro libre. Festeja como un niño, como casi nunca, y se deja abrazar por sus compañeros. Unos segundos después, ríe y hace gestos hacia el banco del equipo visitante. Allí está el entrenador Ramón Díaz, que también ríe. Riquelme parece decir algo así como "conmigo en la cancha no nos vas a ganar". Los dos disfrutan, y se comprenden, y forman parte del mismo juego. Y quitan tensión a un momento en que todos alrededor necesitan estar tensos.

Mauro Navas, que ahora es parte del cuerpo técnico de Boca Juniors, dice que admira el modo en que Riquelme se comporta antes los rivales y ante el espectáculo. Y detalla: "Él representa al jugador de fútbol. Es el único jugador de fútbol en serio. No grita los goles como un tonto, no baila, le metió el caño a Yepes pero fue evidente que no lo quiso cargar. Nunca se burló de un rival, por ejemplo. Eso es muy importante. Por eso Román genera una enorme simpatía con todos los entrenadores, con todos los jugadores. En el ambiente del fútbol argentino es muy respetado porque él siempre jugó igual. Es un jugador serio y en serio".

Antonio García Ameijenda, por su parte, opina: "La gente a la que le gusta el fútbol lo respeta mucho a Román. Él nunca fue un tipo de hacer cosas raras. Él festeja los goles como se festejaban antes. Es gol, te abrazás con tu compañero y listo". Martín Kohan coincide: "Es asombroso. Tiene un manejo integral de la cancha, de los compañeros, del estadio, de la prensa. Y lo tiene sin recurrir a ninguna de las boludeces del futbolista que juega para la cámara, que hace el bailecito en el festejo del gol, el que le hace el corazón a la televisión, nada. Riquelme está jugando al fútbol".

Si el respeto hacia el rival se manifiesta hasta en su comportamiento físico, el respeto por el espectáculo es tan evidente en Riquelme que es difícil no verlo. En agosto de 2014 el periodista Ignacio Fusco publicó una nota en la revista *Un caño* en la que narraba su experiencia al haber presenciado el primer partido de Riquelme como jugador de Argentinos Juniors, en el torneo de Primera B Nacional. Ese día, el número diez convirtió el único gol del partido a los veintisiete minutos del segundo tiempo. Escribió Fusco: "Podría haber sonreído, podría haberlo gritado pero alzó un brazo como si ofreciera disculpas, como si aún jugara en Boca y el gol se lo hubiera hecho a Argentinos. La explicación: unos minutos antes había querido aguantar dos pelotas y las había perdido las dos, y el equipo jugaba mal, y sus compañeros no se le abrían, y había errado algunos pases, y ningún compañero le picó jamás en diagonal. El contexto estaba antes que cualquier gol". Además, el arquero rival había tenido alguna responsabilidad en que el tiro de Riquelme se metiera en el arco. Imposible gritar un gol así.

Unos meses antes, en cancha de Tigre, había sucedido algo similar. Riquelme, todavía con la camiseta de Boca, metió un golazo desde fuera del área en el último minuto de partido. Su equipo ganó uno a cero. Pero él no festejó. A alguno se le ocurrió decir que no lo había gritado por su supuesta simpatía por Tigre. Pero, si se observa bien, lo que se puede ver es que Riquelme no gritó el gol porque se sentía avergonzado. El espectáculo, en especial el de Boca, había estado lejos de ser generoso con el público que lo había mirado en el estadio y por televisión. En ese contexto, gritar un gol era casi una falta de respeto.

Diego Markic da su punto de vista sobre el tema, y dice: "En las declaraciones después de un partido, cuando gana o cuando pierde, casi siempre transmite conceptos claros. Cuando jugás mejor ganás, y si no, perdés. Por eso es muy admirado por todos. Es un jugador que nunca tuvo gestos extraños hacia un rival. Es raro verlo discutir con un contrario, y todos lo respetan mucho porque ese respeto es una forma de vida para él".

Para Fernando Signorini, "lo que tiene él como diferencia es una gran convicción por defender la dignidad del futbolista". Y agrega: "Nunca lo van a ver simular una falta, o pedir tarjeta amarilla para un rival. Es hijo de otro momento de la historia. Eso lo hubiera hecho en cualquier época, si lo hace en esta época que es la peor de todas. A mí me gusta verlo jugar, pero más me gusta cuando se sienta y, por ejemplo, enfrenta al periodismo con la decisión y con la convicción con que lo hace, a modo desafiante, diciendo 'acá estoy yo'. Román tiene un gran coraje".

Juan Sasturain habla en el mismo sentido: "Lo que me pasa con Román, que no me pasa con otros, es que yo a Román le creo. Le creo siempre. Le creo cómo juega, y creo en sus convicciones. Las comparto, en realidad. Y me gustan las cosas que él rechaza. Comparto con él el rechazo al oportunismo, a la mentira. Le creo profundamente. Además tiene bien diferenciada la lealtad inmotivada de ser *hincha de* (porque él es hincha de Boca), de cualquier tipo de fanatismo, de cualquier tipo de bajeza. Es capaz de reconocer al rival, y no justifica la deslealtad. Nunca ha sido desleal con el rival. Y es profundamente *bostero*. Está bien separado el fervor, el amor y la convicción, y la lealtad al juego. Es un jugador en todos los sentidos. Eso me gusta mucho de él. Román no miente".

"Cuando era solo un chico, en octava, los tiros libres ya los pateaba él".

La frase la dice Carlos Balcaza, entrenador de Riquelme en divisiones inferiores de Argentinos Juniors. "En cuanto a la pelota en movimiento, –agrega Balcaza– siempre probó. Pero sin ser egoísta. Pateaba al arco cuando la jugada se lo pedía".

El modo en que Juan Román Riquelme le pega a la pelota es una de sus características más admiradas. Ha convertido varios goles pateando desde lejos. Muchos, de tiro libre. Y, una vez más, de esta manera el jugador pone en circulación un conjunto de conceptos acerca de la práctica específica del deporte. En una pelota bien o mal pateada son tantos los elementos que confluyen que vale la pena intentar descubrirlos. Carlos Balcaza piensa: "Hay muchas cosas para tener en cuenta. Por ejemplo, conviene pegarle cerca de la válvula, y luego ir probando en otras partes. La potencia, por ejemplo, depende del punto en que se le pega a la pelota. También hay que ver cómo poner el cuerpo".

Alejandro Dolina reflexiona: "El valor de la precisión es una suerte individual. La pegada tiene mucho que ver con el equilibrio, con la fuerza de las piernas. Tanto sea para dar un pase como para tirar fuerte al arco. Tiene que ver con condiciones propias que no son tan sencillas de establecer. Si no, ya las hubieran establecido. Y no se sabe si hay que tener la pierna gorda, si hay que ser alto, si hay que ser bajo, en fin. Sí se puede mejorar mucho. Es verdad que se practica más la pegada al arco que cómo devolver bien una pelota a un compañero. Pero eso tiene que ver con el trabajo de inferiores. Al tipo que llega a Primera el técnico no puede enseñarle a patear".

Rubén Capria, que fue un excelso pateador de tiros libres

(y de pelotas en movimiento), regala algunas otras pistas: "El margen de error de patear tiros libres lo podés achicar, siempre y cuando corrijas lo que estás haciendo mal. Si vos pateás tiros libres, hacés doscientos tiros, y cometés las doscientas veces el mismo error sin que nadie te corrija, vas a seguir pateando mal. Es cuestión de que alguien te diga cosas que te hagan mejorar. Pero, claro, hay otras cosas que vienen con uno. En la pegada hay una condición natural, una coordinación natural que el futbolista tiene o no tiene, y después están esas cosas en las que se puede achicar cierto margen de error".

Juan Manuel Herbella da una mirada desde la ciencia acerca de si la pegada puede aprenderse o si es innata: "Es una discusión que está en el deporte en general. Tenés la teoría de los genes del deporte, *the sport gen*, y tenés la teoría de las diez mil horas de entrenamiento. Y a nivel macro, en el deporte, no se ponen de acuerdo. Tampoco se van a poner de acuerdo en un deporte micro. Si entrenás mil horas, vas a ser mejor que si no entrenás mil horas. Pero, si tenés el gen, no necesitás las diez mil horas para ser mejor. Una corriente no es excluyente de la otra".

Capria agrega que "la pelota parada requiere de cuatro o cinco temas que hay que manejar. No todas son goles, pero estás ahí. Dónde apoyar, con qué parte del pie pegarle, cómo acomodar el cuerpo, qué movimientos hacer con la pierna, dónde impactar la pelota. Todas decisiones que en conjunto hacen al tiro. Yo tenía la característica de envolver la pelota. La enroscaba mucho. Esa pelota era muy rápida. En el caso de Román, le pega muy duro con pelota en movimiento. La agarra muy de lleno. Me gusta mucho porque la pelota va muy pesada. Se trata de pelotas que suben y de repente bajan muertas. Eso es porque la impacta muy en el medio. Cuando vos la impactás de abajo, la pelota sube. Si la impactás medio arriba, va *de rastrón*. Pero si la impactás en el medio la pelota va como muerta, casi sin moverse, y se ven los gajos y la marca. Eso es notable en Román".

Para Mónica Santino "hay algo natural que viene con cada uno, y que no tiene mucha explicación. Me parece que la pegada es inimitable. Como aquellos tiros libres de Maradona, sobre todo en la época en la que jugaba en Italia. Esa rosca, esa manera de entrarle a la pelota, es única en cada jugador. En Riquelme, una puede ver una técnica envidiable por donde se la mire. Porque pareciera que en el botín tiene como si fuera una lengua que va envolviendo a la pelota".

Finalmente, Capria agrega un elemento que excede la técnica en la pegada. Lo resume así: "Además de todo, Román tiene el temperamento, la hombría para agarrar la pelota e imponerse en momentos difíciles. Eso no se aprende".

Claro, cuando era solo un chico, en octava, los tiros libres ya los pateaba él.

Semifinales de Copa Argentina. Año 2012. Boca Juniors se enfrenta con Deportivo Merlo, un equipo que en unos meses estará en la Primera B Metropolitana. El conjunto entonces dirigido por Julio Falcioni gana uno a cero, con gol de Riquelme a la salida de un tiro libre. En el último minuto del partido, Merlo empata. La semifinal va a definirse por penales. El estadio, lleno de hinchas boquenses, enmudece. Las cámaras de la televisión muestran las caras de los jugadores de Boca. Están abatidos.

El primer tiro desde el punto de penal lo patea Riquelme. Y entonces hace algo que no va a pasar desapercibido. Cuando llega a la pelota, no le pega fuerte, ni la acomoda con el empeine contra un palo, ni la asegura cerca de un ángulo. Cuando llega a la pelota, Riquelme la pica. Y es gol. Un momento después, la hinchada empieza a cantar de nuevo. El rostro de los compañeros del número diez es otro. Ya no hay nadie que esté abatido por el empate agónico ante un equipo de otra categoría. Y Boca gana la serie de penales.

Como espectador neutral, Martín Vassallo Argüello recuerda con detalle la situación. Y la cuenta así: "Él no es un tipo que la pique cuando patea penales. Pero uno pone en contexto esa picada: un partido que Boca en los papeles debería ganar tres a cero no se resuelve. Los rivales están compenetradísimos y dejando absolutamente todo. Los jugadores de Boca seguramente sienten muchos nervios, y tienen la obligación absoluta de ganar. Y Riquelme va y la pica. Supongo que él en ese momento habrá analizado el costo-riesgo y habrá pensado que si pateaba fortísimo al medio para asegurar, quizás transmitía tensión a sus compañeros. Si lo pateaba normal y lo metía, quizás no cambiaba la actitud de nadie. Ahora, si la picaba y la metía, transmitía otra tranquilidad. O si la picaba y se la atajaban, quizás el efecto también era positivo. No lo sabemos. Pero, claramente, el riesgo que tomó fue porque el equipo necesitaba un golpe anímico. La mejor manera que tuvo para transmitir ese golpe anímico fue transmitir seguridad. Y la seguridad la transmitió con un lujo, con una jugada de mucha capacidad técnica que requiere mucha tranquilidad y aplomo. Fue un mensaje enorme para sus compañeros, para el público y para los rivales".

La reflexión de Vassallo Argüello continúa: "Hay un rival que viene de empatarte en el último minuto y tiene a un arquero motivado con atajarle el penal a Riquelme. De repente, ve que el tipo está en otro mundo y que la pica. Él también logró que no fuera un gesto de desinterés, que también hubiera sido contraproducente. Por ejemplo, que él se diera vuelta y patease de zurda, quizás era una muestra de canchereada, de miedo y de desinterés. O si lo hubiera pateado de rabona tampoco habría tenido el mismo efecto. Podría haber sido leído como que lo quería sobrar o que eso no le movía un pelo. Lo que hizo fue el gesto justo. En un partido en el que él hizo un montón de cosas, el momento genial y sublime llegó en el primer penal. Cuando uno analiza esas cosas de Riquelme se da cuenta de que el tipo es distinto y que tiene una visión que va mucho más allá del fútbol solamente. Para eso hay que saber mucho. Un saber en serio, no solamente conocer las líneas de la cancha y las posiciones, sino un saber mucho más profundo. Un saber de sociólogo o de psicólogo si se quiere. No sé cuánto tiempo le hubiera tomado a un psicólogo encontrar una acción que le diera a todos esos compañeros un empuje anímico conjunto. Quizás hubiera necesitado setenta y dos sesiones con cada uno para descubrir lo que necesitaba. Y Riquelme lo descubrió por un saber mucho más profundo que es un saber de años de estar dentro de una cancha, de estar cerca de los compañeros, de tener empatía con ellos en ese momento, de saber qué es lo que siente el otro. En eso me parece que es un genio. Está todo el tiempo analizando muy bien el fútbol. Sabe de fútbol. Un saber que va mucho más allá de saber que la pelota va para acá o para allá".

Sergio Vigil analiza la jugada de un modo muy similar,

y también con suma profundidad. Dice: "Riquelme se potencia ante la presión. ¿Qué es potenciarse ante la presión? Uno puede decir que el modo en que enfrentó el riesgo que apareció en ese partido. Un partido que a priori no tenía riesgo. Pero el partido cambió, y pasó a ser una final de Copa Libertadores. Esa es la capacidad de Riquelme. Al ser un jugador tremendamente cognitivo, tiene otra condición: la necesidad de ser protector de su equipo. Y hasta límites extremos. En ese momento a él, en su mapa, le aparecieron el Bayern Munich, el Real Madrid, el Barcelona. Alguien que es tan cognitivo puede abstraerse. Eso es liderazgo en el juego. Decir 'ahora no está Deportivo Merlo enfrente, está el Barcelona'. Y, por otro lado, la dualidad. 'Estamos jugando con el Barcelona y está la posibilidad de ganarle, pero también estamos jugando contra un equipo de categoría B. Si perdemos, Boca pierde con este equipo. Si perdemos no podemos salir a la calle, pero si ganamos, le ganamos al Barcelona. Yo se la pico a Barcelona', habrá pensado. Él vio, en ese momento, la Copa Libertadores, el campeonato del mundo, el Barça. Es como cuando vas ganando 5-0 y 40-0 en el tenis. Se ponen 40-15, 40-30, se te ponen 5-4, 5-5. Y vos decís 'si pierdo este partido soy el peor, iba ganando 5-0, no lo puedo perder'. Sí lo podés perder. Pero no lo *querés* perder. Yo creo que eso también es Riquelme. Es un jugador al que le pasan emociones en el juego. Pero en el mismo momento de la emoción, hay una claridad conceptual que le permite elegir el camino más efectivo para poder ganar. Después, la pica y puede ser gol o no. Esa es la dualidad. 'Si la pico puede ir a las manos del arquero, pero si no la pico perdemos'".

Las reflexiones de Vassallo Argüello y Vigil sobre ese partido de semifinales de Copa Argentina funcionan para analizar un aspecto siempre controvertido respecto de Riquelme, que es su personalidad. El mayor problema es que con frecuencia se habla de su personalidad cuando lo enfoca una cámara, o cuando se lleva el deporte al terreno de las intrigas de vestuario. Pero, cuando se habla de juego, la personalidad es una cosa completamente distinta. Y esa característica se manifiesta en grado sumo ante partidos muy importantes. Sobre ese tema, piensa Diego Markic: "En esos partidos él asume responsabilidad y se siente potenciado. Desde chico se notaba eso. Con los hechos él demostró que los partidos importantes lo hacen mejor, porque, que yo recuerde, los jugó casi todos bien".

Jorge Bermúdez, que también fue compañero de Riquelme mucho tiempo, da su propia visión sobre el tema: "Esta clase de jugadores disfruta las cargas, las obligaciones, las responsabilidades. Él crece ante la adversidad. Román siempre fue así. A Román una cancha llena, un estadio colmado, una tribuna que lo resista, un viaje largo, toda esa adversidad siempre lo hizo más. Los mayores y mejores partidos de Román que yo tengo en mente fueron siempre fuera de la Bombonera. De los mejores Román de mi vida recuerdo el de las dos series ante Palmeiras. Uno de los mejores partidos que le vi a un compañero de fútbol fue ante Real Madrid, en Tokio. Recuerdo un Román tremendo, increíble, en un partido ante Vélez en cancha de ellos. De visitante, con la presión del rival, cuando lo presionaron, cuando no lo dejaron jugar, cuando le han hecho una marcación estricta, fue donde hizo la diferencia. Siempre dejó huella en sus compañeros en ese tipo de partidos".

Para la periodista colombiana Sandra Suárez, Riquelme ha sido siempre indispensable en los clásicos, porque "en el campo de juego te da la tranquilidad que cualquiera necesita en los momentos difíciles y tensos. Es un jugador impasible".

Sergio Vigil coincide: "Una de las cosas del juego de Riquelme que es muy sorprendente es la capacidad que tiene para jugar los partidos importantes. Los partidos importantes para Riquelme, según lo que yo puedo advertir, no tienen un componente estadístico. Tienen un componente emocional. Para Román, los partidos más importantes de su vida son los clásicos (claramente, los Boca-River), la Copa Libertadores y los partidos en los que un técnico que él respeta y quiere está en la cuerda floja. Lo increíble es que en esos tres hitos siempre juega bien. Juega sus mejores partidos y hace los goles más importantes. El otro hito es cuando él fue criticado, por un ambiente periodístico o por un ambiente dirigencial. Es ese el partido en el que va a hacer un gol para ganar o va a hacer el gol más maravilloso. Si no hay una crisis, en algún momento, hasta estratégicamente diría, hay que provocar una crisis con Román. Porque seguramente después de esa crisis va a venir la mejor actuación de la historia de Riquelme, que es doble: de él y para el equipo. Porque en ese momento no sé qué hace, pero provoca que todos sus compañeros tengan un nivel de confianza supremo y jueguen el mejor partido de su vida. Pero, en ese partido, él se encarga de ser determinante. Esa es la mezcla en él entre lo cognitivo-creativo, la rebeldía y la astucia".

Jorge Bermúdez concluye: "En Román siempre vi el hombre en el cual depositar la confianza. Y desde muy joven se lo hicimos saber. Desde muy joven depositamos en él esa fuerte responsabilidad. Le tratamos de inculcar la manera de llevar esa carga en su espalda, y él lo tomó de muy buena forma. Lo asumió y dio todos los resultados que conocemos".

12

Otros juegos

Hay que saber relegar el lucimiento personal para que tu equipo gane. Y no estar siempre pendiente de lo que hace uno, sino que hay que ponerse contento cuando uno da un pase y el compañero define. No hay que quedarse con la sensación de que el talento es solamente hacer la jugada linda. Porque no lo es.
Emanuel Ginóbili

Debo ser capaz de trabajar al máximo, de entender el juego y mi profesión, y, al mismo tiempo, divertirme y expresar mis emociones, sin cambiar mi personalidad. Siempre intento ser yo mismo. Incluso estando en el punto álgido de mi carrera, creo que puedo mejorar. Esa es la belleza del deporte. Que siempre lo puedes hacer mejor.
Novak Djokovic

Yo me mantuve siempre igual.
Nicolino Locche

El fútbol, como el resto de los juegos, tiene una serie de estrategias que lo definen y lo distinguen. Pero también tiene correspondencias con esos otros deportes, y un jugador como Riquelme, por su calidad de estratega, puede ser un medio para tender puentes.

Sergio Vigil explica que el hockey es un juego muy similar al fútbol. Aunque una de las reglas más importantes impide que se conviertan goles desde fuera del área, y algunas de sus jugadas fijas son diferentes (la existencia del corner corto, por ejemplo), desde el punto de vista estratégico se trata de disciplinas cercanas. Si se consideran esas similitudes, ¿hay jugadoras de las que ha dirigido *Cachito* en la Selección Nacional que puedan asimilarse al rol de Riquelme en un equipo de fútbol? Dice el entrenador: "Para mí, la jugadora más parecida a Román es Cecilia Rognoni, aunque juegue de líbero. Porque si a Cecilia la ponías de enganche o de doble cinco era lo mismo. En el equipo había dos fuera de serie: Cecilia y Luciana Aymar. *Lucha* es una artista atleta y Ceci es una pensadora artista. Lo mismo que Román, es una jugadora cognitivamente artística. Rognoni quería pensar el juego para ganarlo y tenía tanto arte que era capaz de simplificar el arte. Si ella tenía que eludir a una jugadora, la eludía con las menores acciones posibles".

Si se sigue la línea de pensamiento de Vigil, Luciana Aymar parece pertenecer más, en su deporte, a una genealogía como la de Maradona-Messi en el fútbol. Jugadores con enorme capacidad para resolver por su cuenta una serie de circunstancias del juego.

Sigue la reflexión de Vigil sobre las cercanías entre Riquelme y Rognoni: "Otros entrenadores decían 'si Ceci tuviese más habilidad...', y yo les contestaba '¿creen que no la tiene? El día que Ceci necesite hacer tres sombreritos, los va a hacer. El día que solo necesite hacer un movimiento con el pie para eludir, lo va a hacer. Cuando necesite dos pisadas, va a hacer dos pisadas (llevándolo al fútbol)'. Su arte era un arte programado. Cuando necesitaba *Arte 1*, usaba *Arte 1*. *Arte 2*, *Arte 2*. *Arte 3*, *Arte 3*. No era solo una artista sino que usaba el arte. '¿Para qué voy a mostrar el *Arte 10* si con el *Arte 2* gano? Porque en algún momento puedo necesitar el *Arte 10*', pensaría ella. Y llegó a usar el *Arte 10*. Y cuando todos vieron que eludía a siete jugadoras juntas, con amagues, no lo podían creer. Cecilia era una computadora con arte, que ella guardaba para cuando pudiera hacerlo".

Y completa el análisis con elementos que, aunque en apariencia se salen del campo, en realidad se salen para volver a meterse de lleno en el terreno de juego. Dice Vigil: "A Riquelme lo observo mucho, primero, porque me gusta el fútbol. Me gustan todos los deportes, y los analizo desde lo estratégico. Pero cuando hay una persona que, además de ser un crack, tiene conductas y pensamientos que te invitan a observar, entonces es una fiesta de análisis. Yo solamente vi características como las de Riquelme en Cecilia Rognoni. Me acuerdo de algo, en 2001, cuando ganamos el *Champions Trophy* con *Las Leonas* por primera vez en la historia. Veníamos consiguiendo medallas, íbamos ascendiendo y por primera vez ganamos el campeonato. Hubo un conflicto en algún momento, como todo equipo lo tiene, y me acuerdo que Ceci había tenido, en los dos partidos previos a la final, una crisis con el cuerpo técnico que yo comandaba. Es algo que repercutió en el equipo. Y me acuerdo que ella, en ese momento, estaba alejada del grupo. Tuvo la necesidad de alejarse, y estaba totalmente en otra sintonía. El equipo iba para allá, Cecilia iba para el otro lado. Y vienen los dos partidos: el previo a la final y la final. Cecilia no se hablaba con nadie. Entró en la cancha en esos dos partidos y nunca vi a una jugadora hablarse de una manera tan efectiva con todos. Se hablaba a través del pase, de la recepción, del aliento, de la protección, se peleaba con las rivales cuando le pegaban a una compañera, estaba en defensa, atacaba. Y fue la jugadora más determinante del partido en la final. Es de esas personas para las que el juego es todo. Por eso, cuando entran al campo, cuando ese tipo de jugadores dicen que tienen la camiseta impregnada en el alma, eso es por el juego. Y hay que verlo desde ese lugar. Después se pueden discutir un montón de otras cosas de proceso, que no es el caso (y también sería complejo y maravilloso). Lo que sí puedo decir es que hay jugadores con un comportamiento de generosidad en el juego, solidaridad, entrega total inmensa y que pueden contar con una dualidad afuera. Es increíble ese fenómeno. Es importante comprender eso, como conductores, para poder conversar".

En una charla desarrollada en el Festival Internacional de Literatura de Buenos Aires, en el año 2012, el escritor Luis Sagasti conversó con Martín Kohan y con Juan Ignacio *Pepe* Sánchez, campeón olímpico en básquet. Sagasti y *Pepe* Sánchez exponían sobre las relaciones entre deportes colectivos como el básquet y el fútbol. Dijo el deportista: "Lo primero que pensé es en la especulación. El fútbol es muy especulativo; podés meter un gol y después quedarte atrás y hacer tiempo. En el básquet, el base no puede especular;

es un juego de estados de ánimos cambiantes; por eso nos gusta el fútbol, para especular con lo que hacemos". Y luego agregó: "En el básquet pasan muchas cosas, y tiene mucho del ajedrez. Se lo puede ver como un deporte individual, si se sigue solo la pelota. Pero los bases estamos viendo todo (...). Me interesa lo que pasa fuera de la pelota, en el lado débil de la cancha. La conversión en un buen juego de equipo es irrelevante; con la Selección llegamos al punto de jugar sin tener en cuenta quién la metió. El base como escritor es una buena metáfora de lo que hacemos los que somos bases".

Javier Brizuela, que además de ser filósofo es periodista y se ha especializado en analizar el básquet, acepta el desafío de llevar la comparación entre deportes. Y, también, el desafío de comparar a un futbolista como Riquelme con un basquetbolista. Dice Brizuela: "En su manera de ver el fútbol, Riquelme me recuerda a esos jugadores que se divierten jugando por encima del resultado, como Sergio Rodríguez". El español Sergio Rodríguez fue campeón del mundo de básquet en 2006, y llegó a jugar en la NBA. Sigue Brizuela: "Pero Sergio es mucho más eléctrico sobre la cancha. Dentro del estilo pausado de Riquelme, me parece más semejante, sin salir de Argentina, a *Pepe* Sánchez o Pablo Prigioni. Jugadores que tienen el partido en la cabeza sin necesitar de anotar muchos puntos. O incluso se parece al serbio Dejan Bodiroga, con su obsesión por controlar el ritmo del juego. Como ves, a Riquelme lo comparo con bases y con un escolta-alero con alma de base, como el serbio. Supongo que la figura en ese deporte más parecida a un mediapunta creativo y organizador es la del base".

Juan Manuel Herbella se suma a la discusión acerca de si la palabra *enganche* alcanza a definir el juego de Riquelme, y compara esa categoría con el básquetbol: "Enganche es una palabra nuestra. No existe en el vocabulario en otro lado. Es una acepción muy rioplatense, muy propia. Para mí son mediocampistas ofensivos. Dentro de la variedad de mediocampistas ofensivos tenemos algunos más estrategas y otros más resolutorios. Eso se puede extrapolar a otros deportes. Hay bases, en el básquet, más estrategas, como cuando Emanuel Ginóbili juega de base. Pero uno lo ve a Tony Parker, su compañero en San Antonio Spurs, y es resolutorio. Él toma la decisión de cómo resolver y ejecuta a través de su velocidad. Son características innatas, y tanto en el fútbol como en el básquet siempre va a haber de los dos".

Un deporte colectivo con menos coincidencias con el fútbol es el voleibol. Es sabido que sus mismas características impiden, por ejemplo, que los jugadores de un equipo accedan al campo de juego del rival. Allí hay distancias insalvables entre los dos juegos. Sin embargo, aun así hay puentes conceptuales. Nicolás Uriarte, armador de la Selección Nacional de voleibol, plantea: "Por un lado, el rol nuestro como armador de vóley es limpiar la jugada, emprolijar el juego. Ahí entra a jugar la precisión, y en ese sentido puedo encontrar una relación con la función del enganche en el fútbol. Vos ves que todos los jugadores lo buscan a él, le quieren dar la pelota a Riquelme en todo momento".

Otro de los aspectos en los que el número diez de un equipo de fútbol se acerca al rol del armador de un equipo de vóley es en la necesidad de hacer mejores a los compañeros. Cuenta Uriarte: "si todos los atacantes de tu equipo jugaron un buen partido, el armador se tiene que poner contento porque es el que ayudó a que pasase eso. Si ellos jugaron bien, vos jugaste bien. Se potencia el nivel de uno si tus compañeros jugaron bien. En el fútbol debe ser parecido. Si el número nueve hizo goles es porque le llegó la pelota, porque lo dejaron mano a mano. En el vóley, los armadores no tenemos muchas chances de sumar puntos. Puede ser con un saque, con algún bloqueo. Pero lo siento como algo extra. Y, como dijo Román, yo también me pongo más contento cuando hago jugar muy bien a los atacantes. El vóley es un juego principalmente de ataque: el que mejor ataca es el que va a ganar. Ahí es donde es muy importante el armador. Si tu equipo tiene un excelente partido en ataque es cuando mejor se siente uno. Si no hiciste ningún punto, no importa. Hay partidos en los que podés hacer ocho puntos pero jugaste mal en la distribución, y vas a perder. Entonces, es mucho más importante que tus compañeros jueguen bien".

El estilo de un equipo de fútbol depende, en gran medida, del tipo de organizador que tenga. No es lo mismo que el diez sea Riquelme a que sea, por ejemplo, Aimar, un diez brillante, pero de otro estilo. En el vóley también ocurre eso. Explica Nicolás Uriarte: "Hay armadores que tienen un estilo de juego rápido. Si vos llamás a ese jugador, tu equipo va a jugar de esa manera. Si tenés un armador más alto, más lento, pero también más preciso, vas a jugar de otra. El estilo de juego del equipo depende mucho del armador. Esto se puede relacionar con el enganche en el fútbol. A la hora de crear, de atacar, la pelota pasa siempre por Riquelme, en este caso. En el vóley, por una cuestión obligada, el segundo toque es siempre del armador. Y en los equipos de Riquelme pareciera que pasa lo mismo, que es obligatorio darle la pelota. Se puede decir que es un armador del juego y del ataque".

Si las relaciones entre deportes colectivos pueden presentar ciertas cercanías, pareciera que son más las distancias entre el fútbol y los deportes individuales. Sin embargo, las semejanzas son más que las que se aprecian a simple vista. Martín Vassallo Argüello detalla algunas de sus impresiones al respecto: "A la hora de armar juego, hay varias fases. La primera, que es la que te da seguridad al entrar a la cancha, es la de tener un esquema. Yo siento que es necesario tener un esquema, tanto en un deporte individual como en uno grupal, porque eso después se traduce en un orden que al jugador le da mucha seguridad. Si imagináramos la completa anarquía del deporte, en donde cada uno hiciera lo que quisiere, lo más probable es que en esa improvisación constante se termine viendo perjudicado el equipo. O porque no se tomó bien una marca o porque aparecieron tres jugadores y a nadie se le ocurrió ir a marcarlos porque no tuvieron ganas de hacerlo. Eso, inmediatamente, te genera inseguridad. Y, sobre todo, en momentos de tensión. Cuando uno está en esos momentos, lo que más necesita es tener una estructura que lo sostenga para no tener que estar improvisando en un momento en que los nervios te pueden traicionar, estás en desventaja o la cabeza no está lo suficientemente fresca como para estar todo el tiempo improvisando".

De todos modos, aclara Vassallo Argüello, también es necesario un equilibrio. "Así como tiene que haber una estructura, –explica– también tiene que haber lugar para la improvisación o la sorpresa dentro de un esquema que se arma. Ahí es donde creo que hay organizadores que manejan mejor ese equilibrio y otros que lo manejan peor. A veces, el organizador de juego pone una excesiva preponderancia en lo estructural y le quita espacio, inspiración o lugar a los tipos creativos o a las jugadas creativas que puedan surgir dentro del juego. Ahí es donde creo que al equilibrio hay que estar revisándolo y manejándolo todo el tiempo. Un entrenador puede dar completa y absoluta libertad a sus jugadores y no brindar un esquema en el cual apoyarse o no explicar en qué momentos apoyarse en ese esquema y en qué momentos se pueden soltar, en qué lugares de la cancha hay que aferrarse más al esquema y en qué lugares menos. En el sector defensivo, más del noventa por ciento debería ser estructural y coordinado, y en una zona de tres cuartos de cancha, quizás la relación sea inversa. Uno ve jugar a los buenos equipos o ve jugar a los buenos jugadores y nota que tienen esa relación bien marcada".

Para ejemplificar sus conceptos sobre estructura e improvisación, Vassallo Argüello propone algunas comparaciones entre jugadores de tenis y de fútbol: "Hablando de tenis, uno ve lo bien que Roger Federer maneja ese porcentaje. Uno que ya lo vio jugar muchas veces, prácticamente sabe adónde va a ir la pelota de Federer. Cuando estás en tu casa sentado mirándolo y cuando lo enfrentás también lo sabés, lo cual no significa que puedas resolverlo. Todos saben cómo juega el Barcelona pero no todos lo pueden resolver. O todos saben que Gareth Bale la va a tirar para adelante y va a correr y no todos los defensores lo pueden frenar. Los tipos saben en qué momento hacer eso o en qué momento tocar para atrás y seguir circulando, apoyarse en la estructura. Con Federer pasa lo mismo, tiene armada una estructura excelente y, al mismo tiempo, es muy inteligente a la hora de saber en qué momento permitirse la sorpresa, en qué momento usarla. Pero, claramente, tiene un esquema de juego que es en el que se mueve más del ochenta por ciento del partido. Y Riquelme tiene eso de armador, ese equilibrio, a mi manera de ver, mucho más volcado al armado del juego que a la resolución espontánea. Yo creo que usa, casi todo el partido, mucho de esquema. Un esquema que él siente que es el apropiado, que es la circulación de pelota, la pausa justa, que los marcadores le pasen. Va cocinando a fuego lento lo que después va a ser la resolución. Y una vez que él encontró al equipo de la manera que a él le parece correcta (que ya le pasó el número tres, que ya lo usó para meterle una pelota en profundidad o lo que sea), las resoluciones de Riquelme también son siempre más o menos las mismas. Pasa el tres y él se la tira larga entre los últimos dos defensores para que el tipo desborde. Lo usa, engancha y patea al arco. Lo usa, engancha y se la tira al cuatro por el otro lado. O mete un pase en profundidad, cortado. En ese lugar, él decide resolver entre cinco o seis opciones que tendrá en su cabeza al momento de llegar a esa zona. Pero todo lo que hace previamente no siento que tenga mucho de improvisación, sino, por el contrario, tiene mucho de conocimiento de juego. Esto es lo que creo que es estructura y que lo hace el gran armador de juego. Para mí, Riquelme es mucho más armador de juego que resolución espontánea y pincelada final. En eso también es muy bueno, pero no es solo eso. Puede estar contra la raya y tirarle un caño a Yepes, pero no es la jugada que define su juego".

Carlos Irusta, periodista especializado en boxeo, compara el conocimiento integral que Riquelme tiene del juego y de su entorno con el que tiene Omar Narváez como boxeador. Dice: "Narváez tiene noción de todo lo que pasa, aprovecha todas las situaciones. Obliga al referí a descontarle puntos al rival, lo presiona. El año pasado, en el Luna Park, en un momento llega, después de terminada la pelea, y alguien le dice 'che, qué piña te comiste en el octavo round'. Y él dice: 'sí, vi la repetición'. El tipo se había sentado en el rincón y había visto la repetición en la pantalla. Hay que tener noción de muchas cosas y tener la mente muy fría para ver eso. Lo de Riquelme es más complicado porque tiene que dar instrucciones a diez tipos y controlar a otros once. Así y todo tiene tiempo para darle la mano a un pibe de la tribuna antes de patear un corner. Es una cosa muy curiosa. Bueno, con Narváez yo he aprendido mucho. Cuando pelea, no solamente voy al vestuario cuando termina sino que también voy cuando calienta, cuando se prepara. Porque me gusta verlo, y porque es el que controla todo. Él llega, los hermanos ponen los cinturones como en un altarcito, una biblia abierta y él controla cuándo lo vendan, cuándo lo infiltran, cuánto tiene que correr, todo lo hace él. Esto de haber mirado la repetición en el minuto de descanso y saber dónde está la pantalla es una demostración de que el tipo está manejando absolutamente todo".

Irusta dice que, así como Juan Román Riquelme es un estudioso del fútbol, Sergio *Maravilla* Martínez lo es del boxeo. "Tiene su propio ranking de boxeadores, los conoce a todos, y puede explicar de cuáles quiere tomar qué cosa". Pero no es el único boxeador que puede compararse con Riquelme. Sigue el periodista: "Muhammad Alí es un tipo que disfrutaba del boxeo. Lo disfrutó, al menos, mientras fue Cassius Clay, porque después se tuvo que hacer peleador. Pero Clay también es un ejemplo de un tipo que predecía en qué round iba a ganar. Era un gran estratega, a propósito del razonamiento de llevar el control del espectáculo. En la famosa pelea con George Foreman, se dejó pegar hasta agotarlo y después lo puso nocaut. No conozco otros hechos de Alí en los que se podría mezclar la estética de la belleza, en un momento, y la especulación, la estrategia, en otro".

Faltan veintisiete segundos de un partido de básquet en el que un equipo europeo le gana a uno sudamericano por tres puntos. Hay rivalidad, porque los del viejo continente vienen de ganar la final del mundo ante los americanos con un fallo polémico de los jueces. Ahora, un jugador del equipo del sur toma la pelota, se mete entre todos sus rivales y no solo convierte un doble, sino que recibe una falta y tiene derecho a un tiro más. Lo acierta y empata el partido. Pasan algunos segundos, el equipo europeo falla un tiro libre y convierte otro, y pasa al frente por uno. Quedan tres segundos con ocho décimas. El mismo jugador que antes había emparejado el partido recibe un pase brillante y urgente, y, ya sin tiempo, tira al aro cayéndose de espalda. La pelota entra y Argentina le gana a Serbia por un punto. Son los Juegos Olímpicos de Atenas 2004. El héroe en cuestión se llama Emanuel David Ginóbili, y acaba de mostrar que posee una mezcla justa entre talento y conocimiento del juego.

En ese sentido, Ginóbili es una condensación del deporte en el que se ha destacado. El básquetbol es, probablemente, el juego en el que se logra con más justeza la comunión entre diseño táctico y estratégico y el talento individual. Esa eterna discusión del fútbol en el básquet no tiene sentido. Se trata de un engranaje perfecto en el que dos equipos parecen jugar al ajedrez por casi dos horas, pero con un ritmo y una capacidad de inventiva que asombran.

Para Martín Vassallo Argüello, "los tipos que son geniales en sus deportes tienen, primero, todas las herramientas para poder resolver las ideas que se les ocurren. Es fundamental –continúa– que el tipo tenga la capacidad técnica para hacer lo que se propone. Quizás otro jugador también tiene ganas de tirarle el caño a Yepes o cree que es la mejor manera de salir de esa jugada, pero no lo puede hacer por un problema técnico; o hay otro que sabe que se la tiene que poner justo al lateral izquierdo cuando pasa, pero no tiene esa calidad de pase. Saben en qué momento sí, en qué momento no, en qué momento aferrarse a la estructura, en qué momentos se sienten confiados para hacer algo más. Saben leer el partido. En el tenis Federer, Nadal y Djokovic son geniales en eso, en apoyarse la mayoría del partido en una estructura. Pero conocen mucho el juego, técnicamente son excelentes porque pueden llevar a cabo eso y mentalmente saben en qué momentos están tensionados o con los nervios típicos del partido y en qué apoyarse cuando surgen esos nervios. Saben si confiar en la resolución o confiar en la estructura, en un juego donde ellos se sienten más seguros o arriesgar algo que no hacen habitualmente, es decir, imponer la sorpresa por sobre la estructura. Yo creo que un poco es eso lo genial de Riquelme: poder distinguir muy bien en qué momento confiar en sus conocimientos y en la estructura y en qué momento arriesgar una resolución genial o fantástica, romper con el molde. Federer tiene la capacidad técnica de tirar un *slice*, ir a la red y meterte presión, por ejemplo. Pero el tipo sabe si hacerlo en el 0-0 del primer *game* o en el 5-5 y 30-30 del segundo. Y sabe lo que genera en ese momento. Entonces, quizás la jugada sea una jugada más o hasta una jugada poco eficaz, pero puesta en el momento justo pasa a ser un elemento de presión. Creo que hay un equilibrio entre lo estructural, lo que se conoce del juego, la capacidad técnica y esa capacidad de resolución para hacerlo en el momento que corresponde. Como el caño de Riquelme a Yepes". Como el doble de Ginóbili a Serbia.

Sobre los vínculos del fútbol con el básquet, o de un jugador como Riquelme con el básquet, el periodista Roberto Martínez analiza: "Román es un segundo entrenador dentro de la cancha. Con toda la importancia que ello conlleva, porque el fútbol no tiene la impronta de juego moderno que tiene el baloncesto, donde el técnico tiene injerencia más directa. En el básquet, la incidencia del entrenador cambia el juego en un momento dado. Riquelme asume ese papel cuando está en la cancha. La clave es darle relevancia primordial a él dentro de un equipo. Confianza, responsabilidad, y libertad. De esa manera se mantendrá interesado en un proyecto. Cuando recibe un trato menor, no se siente importante. Y si no se siente importante, Riquelme desaparece. Necesita que el entrenador le preste una rampa para poder despegar y volar. Solo Carlos Bianchi lo ha sabido hacer con tino".

Carlos Irusta regresa a la idea de que Riquelme es un jugador de fútbol que vive en el juego. Que entra en el campo y el foco de su atención está en el desarrollo del partido. Piensa Irusta: "En cuanto a esa característica de Riquelme de ser un jugador en serio, que entra a hacer lo suyo, Mike Tyson era un tipo con esas características. Subía al ring a pelear". Acerca del pensamiento detrás del juego de Riquelme, que defiende la posibilidad de disfrutar de la belleza del espectáculo, Irusta dice: "Creo que, hoy por hoy, ya no es posible disfrutar de una acción bella porque todo es resultado. Sin embargo, a través de Riquelme se podría decir que sí porque propios y extraños lo respetan. Yo no sé tanto de fútbol pero me encanta verlo a él. Si tomamos como eje a Riquelme en el fútbol, ¿a quién me encanta ver en el boxeo? Esa es una pregunta que me cuesta mucho más trabajo responder. Uno de los paradigmas que tuvo el boxeo (esto es una cuestión de gustos) en esto de ir a disfrutarlo y nada más que disfrutarlo fue Nicolino Locche. Ponía pausas, hablaba con el público, hablaba con el rival, hacía trampas ingenuas, un poco *chaplinescas*, como para que se dieran cuenta de que estaba haciendo trampa. A diferencia de Riquelme, Locche era un intuitivo. Aunque le hubieran enseñado todo, lo que hacía era intransferible. Lo disfrutaba *per se*. Riquelme también disfruta, pero no es la intuición lo que lo gobierna. Él conoce todo".

13

Los últimos años

Todo el campo de juego cabía en sus zapatos.
La cancha nacía de sus pies, y desde sus pies crecía.
Eduardo Galeano

Aeropuerto de Porto Alegre.

Junio de 2007.

Es la madrugada.

Faltan tres horas para que salga el avión, y las salas de espera están llenas de personas transpiradas, que cantan y sonríen y se abrazan aunque no se conozcan. Visten, todas, alguna prenda azul y amarilla, que han traído de Argentina o que han comprado cerca de un estadio.

Boca Juniors es, por sexta vez, campeón de América.

En un rincón conversan un hombre y una mujer. Hasta hace cinco minutos no se conocían. Él le dice que cuando su hijo crezca va a poder escuchar la historia de esa noche gloriosa en campo de Gremio.

Ella sonríe. Le pregunta cómo se llama su hijo.

Él responde que su hijo no tiene nombre todavía. Va a nacer dentro de cinco meses. Todavía no se sabe si será hijo o hija.

Ella, entonces, reformula la pregunta. ¿Cómo se va a llamar? Si es varón, ¿cómo se va a llamar?

Él no duda. Si es varón, se va a llamar Román.

Ella sonríe de nuevo. Respira y lo mira a él como si necesitara pedirle disculpas por lo que va a decir.

Él se impacienta. ¿Qué pasa?

El diálogo se interrumpe, y se convierte en monólogo. Él escucha atento, inmóvil, conmovido.

Ella dice:

Mi hijo nunca podría llamarse Román.

Hay nombres que se adhieren a las personas como si fueran la propia piel. Los lectores saben que los nombres Macedonio, Felisberto o Alfonsina corresponden a ciertas personas y a ninguna otra. Los amantes de la música no pueden escuchar hablar de Mercedes, o de Astor, sin que vengan a su mente los rostros de unos individuos determinados. Esos nombres pueden ser usados por otras personas, claro, pero definen tanto a aquellas que es difícil que los nombres, en los otros, suenen naturales. Parecen forzosas búsquedas por denominar a alguien con palabras que ya son de alguien más.

Si mi hijo se llamara Román, ese nombre sería, para mí y para siempre, el de mi hijo. Uno tiene un hijo y el nombre remite a él y solo a él, porque uno tiene un hijo y ya nada existe en el mundo, porque para los padres un hijo y una hija son todo y fuera de ellos no hay nada.

¿Cómo hacer para quitarle toda la fuerza de su significado a un nombre que remite a un caño, a un gol en el ángulo, al llanto en una tribuna, al abrazo con un tipo que ni siquiera conozco? ¿Cómo trasladar a otra persona un nombre que tiene el peso de tantos años de amor, de pura emoción por disfrutar la belleza de un juego que nos conmueve y nos afecta en lo más hondo de nuestros pensamientos? ¿Cómo hacer para decir "Román, vení a la mesa, que ya está la comida", si Román es otro, es único, es dueño eterno de su nombre y su camiseta? ¿Cómo pensar en Román sin nombrarlo?

Por eso, mi hijo nunca podría llamarse Román.

Él llora. La abraza y se aleja.

Ya sabe que su hijo no podrá tener ese nombre de cinco letras.

En la serie de octavos de final, ante Vélez, Juan Román Riquelme había brillado, pero el momento en que todo pareció encaminarse fue el segundo partido de cuartos de final, en Asunción. Una semana antes, en Buenos Aires, Boca y Libertad habían empatado uno a uno. Ahora, en Paraguay, hasta los dieciséis minutos del segundo tiempo todo seguía cero a cero. Boca se quedaba fuera, por aquella reglamentación del gol de visitante.

Daniel *Cata* Díaz jugó la pelota para Riquelme, que recibió de espaldas a su marcador, apenas después de mitad de cancha. Con un mismo movimiento, el diez de Boca controló el pase y giró hacia adelante. Su marcador ya era pasado. Llevó la pelota, primero, con la pierna izquierda. Luego la orientó hacia el centro con la derecha. Cuando el rival volvió a acercársele, se defendió con los brazos, mientras seguía corriendo. Ya en la medialuna del área, volvió a acomodar la pelota, apenas. Con tres hombres de Libertad encima, definió cruzado. Gol. Uno a cero. Entre la recepción y el remate habían pasado solo siete segundos. En la transmisión televisiva, cuando el de Boca tomó la pelota, el relator dijo "con lo que le queda". Claro, Riquelme estaba desgarrado.

Luego vendría el segundo, convertido por Rodrigo Palacio. Boca era semifinalista.

Juan Román Riquelme volvió a Boca en el verano de 2007, a préstamo por un semestre. Jugó el campeonato Clausura y la Copa Libertadores. Esa copa, en opinión de muchos observadores, fue el mejor torneo de toda su carrera.

Hizo ocho goles en once partidos. Uno en la fase inicial, ante Toluca. Dos en la eliminatoria ante Vélez. El segundo de ellos, de visitante, fue un gol olímpico. Luego convirtió el gol a Libertad, en Asunción. En semifinales, ante Deportivo Cúcuta, hizo un gol de tiro libre cuando la clasificación parecía difícil y la neblina en cancha de Boca no dejaba ver nada. Ese día, además, dio una de las tres asistencias que acumuló en el torneo. En la serie final, ante Gremio, Riquelme hizo un gol como local, a la salida de un tiro libre, y metió otros dos en Brasil, la noche en la que Boca obtuvo su sexta Copa Libertadores.

El domingo 24 de junio de 2007, unos días después de la final ante Gremio, el legendario futbolista brasileño Eduardo Gonçalves de Andrade, más conocido como Tostão, escribió una columna en la que dijo: "Riquelme no es veloz, no corre quince kilómetros por partido, no marca, pero tiene un estilo clásico y bonito, y aun, una cara triste (...). El técnico de Boca (Miguel Ángel Russo) y sus compañeros saben que vale la pena dejarlo libre, solo para que juegue fútbol. La función de Riquelme es no tener función (...). Riquelme trata la bola con tanto cariño que ella, apasionada y agradecida, con la humildad de un perro, busca al 'crack' por toda la cancha para besar sus pies".

No era la primera vez que esa gloria de Brasil, uno de los cinco números diez que había brillado en el Mundial de México 1970, se encandilaba ante el juego de Riquelme. Ocho años antes, luego del amistoso que Boca Juniors le ganara al Barcelona con un Riquelme estelar, Tostão había dicho: "Riquelme, así como Zinedine Zidane –la figura de Francia en el Mundial 98–, es un excepcional organizador de jugadas, ideal para actuar entre la mitad de la cancha y el ataque (...). Al contrario de Riquelme y Zidane, Rivaldo no es un buen armador de jugadas, pero hoy es el jugador con mayor capacidad individual para decidir un partido en cualquier parte del mundo".

Riquelme fue el goleador de la Copa, y la Conmebol lo eligió como el mejor jugador de la final. Después de cinco años de ausencia en Boca, Riquelme había vuelto para convertirse, ya, en el jugador más influyente de la historia del club.

Pero Riquelme estaba a préstamo. Una vez terminada la Copa Libertadores, debió regresar a Villarreal. Como su situación en el equipo dirigido por Manuel Pellegrini ya no era la más cómoda, casi no jugaría en el segundo semestre del año. Aun así, y a pesar de sus intenciones, no pudo renovarse su préstamo con Boca, y se perdió la final del Mundial de Clubes, que Boca perdió ante Milan. Dos meses después, ya en los primeros días de 2008, las cosas empezaban a encajar nuevamente. Riquelme volvía a ser jugador de Boca. Y lo sería por otros siete años.

En 2008, Boca llegó a semifinales de la Copa Libertadores, con Carlos Ischia como entrenador. Quedó eliminado ante Fluminense, en Brasil, luego de una serie de errores colectivos, individuales y hasta externos, porque no pudo jugar como local en la Bombonera por tener el estadio clausurado por el uso de pirotecnia en las tribunas. En el partido de ida, que terminó dos a dos, Riquelme había hecho los dos goles.

A menudo se olvida el nivel que mostró el diez de Boca en ese torneo. La imagen de 2007 es tan grande, brilla tanto, que lo que ocurrió un año después parece demasiado poco. Pero Riquelme fue el mejor jugador del equipo, y en gran parte fue por su desempeño que Boca pudo llegar hasta esa instancia decisiva.

El segundo semestre comenzó con la obtención de la Recopa Sudamericana, ante Arsenal. Era el decimoctavo título internacional para el club.

Pero las cosas no estaban bien. En la décima fecha del Torneo Apertura, Boca debía enfrentar a River en el estadio Monumental, luego de una semana de duros enfrentamientos dentro del vestuario. Además de la crisis en el grupo, el torneo no iba nada bien para el equipo. Cuando salió al campo de River, Boca estaba a once puntos del líder, San Lorenzo.

Esa tarde, la del 19 de octubre de 2008, Boca se quedó con un jugador menos a los seis minutos del segundo tiempo, con el partido empatado cero a cero. Nueve minutos después, Riquelme asistió de tiro libre a Lucas Viatri, que convirtió de cabeza y puso el clásico a favor de Boca. Desde ese momento, Riquelme fue dueño del equipo y del partido. Manejó la pelota, la pisó, como tantas veces, y recibió todas las faltas posibles.

Después del triunfo ante River, Riquelme se convirtió en el mejor jugador de un equipo que, contra cualquier pronóstico, terminó siendo campeón. El diez fue decisivo con asistencias en los partidos ante Rosario Central y San Martín de Tucumán, y con goles de tiro libre a San Lorenzo y Arsenal. Además, le hizo otros dos tantos a Racing, en la Bombonera, en un recordado partido en el que Riquelme gobernó cada momento del desarrollo. El primer gol fue de penal, después de una precisa asistencia a Luciano Figueroa que terminó en falta. El segundo fue un gran gol de volea, con perfil cambiado, que Riquelme celebró señalando a un plateísta muy joven que había estado insultándolo durante el desarrollo del segundo tiempo. Sobre esa situación, Martín Kohan refuerza aquel concepto de Riquelme como narrador omnisciente. Dice: "Él esperó al gol, y en el gol lo señaló. No contento con gobernar el campo de juego entero, gobierna el estadio entero. En eso tiene una frialdad analítica tremenda. Y entiende el juego completo".

El torneo se definió en un triangular ante San Lorenzo y Tigre. En el partido más importante, ante el equipo de Boedo, Riquelme fue la gran figura, y entregó dos magníficas asistencias, una a Lucas Viatri, desde la esquina del corner. La segunda, con un toque de primera y desde el aire, a Rodrigo Palacio, quince minutos antes de que terminara el partido.

Los años 2009 y 2010 fueron los más complicados, por el rumbo caótico del equipo y por una serie de lesiones. Aun así, en el Torneo Clausura 2010 Riquelme terminó el campeonato con diez asistencias, un número altísimo, solo superado en su estadística en Boca por el Apertura 2001, en el que había entregado once pases de gol.

Riquelme volvió a ser campeón en Boca Juniors en el Torneo Apertura 2011. Aunque se lesionó y solo pudo jugar once partidos, en la primera mitad del campeonato tuvo un alto nivel y fue decisivo para que el equipo, dirigido por Julio Falcioni, sacara mucha ventaja ante sus perseguidores.

En 2012, Boca llegó a la final de la Copa Libertadores, con un Riquelme en gran nivel. En particular, se destacó en las dos series ante equipos chilenos (ante Unión Española en octavos de final y Universidad de Chile en semifinales), y su aporte fue determinante en los momentos decisivos de cuartos de final, ante Fluminense.

La final sería una historia aparte. Después de empatar uno a uno en el estadio de Boca, el equipo fue a jugar la revancha al Pacaembú de San Pablo. Antes del partido, se difundió la información de que ese podía ser el último encuentro de Juan Román Riquelme con la camiseta azul y amarilla. En efecto, cuando terminó la final y Corinthians se consagró campeón, Riquelme declaró, con los ojos llenos de lágrimas, que ya no jugaría en Boca Juniors. Los factores externos al campo habían pesado más que los estrictamente futboleros.

Después de la salida de Riquelme, el equipo venció a Racing en la final de la Copa Argentina, y obtuvo un nuevo título. En la serie de semifinales, ante Deportivo Merlo, Riquelme había sido fundamental, con un golazo a la salida de un tiro libre y aquel penal decisivo en la definición desde los doce pasos.

En el verano de 2013, ya sin Falcioni como entrenador, Riquelme volvió a Boca. Ahora, en el banco de suplentes estaba, luego de nueve años, Carlos Bianchi. Aunque los resultados no llegaron como en etapas anteriores, Boca jugó un papel digno en la Copa Libertadores, en la que fue eliminado por penales en cuartos de final ante Newell's Old Boys. Tanto en octavos, ante el campeón Corinthians, como ante el equipo rosarino, el jugador vital había sido Riquelme.

Hasta su último partido en Boca, en mayo de 2014, Riquelme guió al equipo mientras pudo estar en el campo. Lo afectaron diversas lesiones. Su vínculo con ciertos sectores del periodismo, siempre distante, se volvió más lejano. En su caso, el uso que la prensa hace de su persona, por fuera del juego, se adapta sin dificultades al análisis que hace Guillem Balagué en su libro sobre Guardiola: "Los medios de comunicación adoran el fútbol porque normalmente se trata de una confrontación entre el blanco y el negro, vencedores y vencidos, buenos y malos".

En el libro *La pasión según Valdano*, de Ariel Scher, el entrenador reflexiona sobre el lugar que se asigna al fútbol en los medios de comunicación. Dice Valdano que hay "exageración de la actualidad, culto al éxito, demolición del derrotado, individualización de la gloria y el fracaso, división entre amigos y enemigos, minucias contadas con entusiasmo desbordante, un buen humor obligatorio y, sobre todo, la consagración del presente: todo se desarrolla aquí y ahora, como si las cosas hubieran nacido de un repollo. Por supuesto que es un espectáculo conectado con el fútbol. De hecho, lo necesita para vampirizarlo, aunque sea otro producto. Un nuevo fenómeno que prescinde de la calidad simbólica del fútbol para convertirlo solo en entretenimiento".

En los últimos años, las opiniones sobre Riquelme han estado marcadas, como nunca, por esos mecanismos que mencionan Balagué y Valdano. Ha resultado difícil encontrar palabras que no estuvieran influidas por lejanías o cercanías personales respecto de Riquelme. Sobre este tema, dice Carlos Balcaza: "A Román lo que lo ha cansado es el entorno del fútbol. Sé cómo él se ha manejado siempre, y para él el fútbol es una pasión. Le interesa jugar a la pelota y nada más. Lo que hay que analizar es lo que él produce como espectáculo. Si sacáramos todo eso que rodea al fútbol, él jugaría hasta cuando pueda, sin importar la edad. El fútbol es lo que más le gusta. Pero el ambiente del fútbol te cansa. En este medio, en el periodismo, si no hay cosas te las inventan, más a una personalidad como Román. Pero su esencia fue siempre jugar a la pelota. A mí me extraña que lo cuestionen a Román desde el juego. No lo entiendo. El problema es que lo atacan con cuestiones ajenas al fútbol".

Otro elemento para hablar del juego de Riquelme ha sido el de su edad. "No es el mismo que hace siete años", se ha leído y escuchado, como si lo opuesto fuera posible. Como si una persona cualquiera, no solo un jugador de fútbol, pudiera ser la misma persona toda su vida. Alejandro Dolina reflexiona sobre esta cuestión: "A esos jugadores disfrutalos, miralos, vas a aprender algo de él cada día. No importa la edad que tenga. Es una malevolencia hablar mal de un tipo porque tiene más años. Es una clase de mediocridad y de estupidez. Les encanta que cumpla años y ya no juegue como antes. Y les encanta ver que a Riquelme no le renueven el contrato. Todo eso lo están disfrutando, porque los pensamientos de esos tipos están aceitados con el odio. Han dicho que 'está grande' o que 'juega cuando quiere'. Hay que prosternarse ante la superioridad, y agradecer que uno pueda ver jugar a tipos como Riquelme".

El gran conflicto para quienes han criticado a Riquelme por aspectos ajenos a lo que ocurre en el terreno de juego es que, en sus últimos tiempos, Riquelme ha jugado de manera increíble. En su último torneo en Boca, el Final 2014, su juego fue tan decisivo como bello. En su primer partido con la camiseta de Argentinos Juniors, en el torneo de Primera B Nacional, convirtió el gol del triunfo y se divirtió con jugadas lujosas. Diego Markic, que surgió en Argentinos y en la actualidad integra el cuerpo técnico de Boca, analiza: "Yo lo veo jugar y lo admiro, porque hay muy pocos jugadores que el concepto lo tienen tan claro. No erra nunca el concepto de la jugada, y eso es muy difícil". Y agrega una opinión sobre qué puede esperarse de Riquelme como jugador de la segunda categoría del fútbol argentino: "Es un campeonato distinto, pero lo de la categoría es un poco un lugar común. Si jugás bien, si jugás mejor que el rival, no hay excusas. Los buenos jugadores hacen la diferencia más allá de la categoría. Ojalá pueda jugar bastante y cuidar su físico. Hace dieciocho años que juega a primer nivel, y eso genera un desgaste. Es un desafío importante para él".

Fernando Signorini expone su mirada acerca de esa tensión entre la capacidad técnica, el conocimiento del juego y la preparación física en un jugador de treinta y seis años: "La respuesta te la da la experiencia, te la da la inteligencia, porque sin inteligencia la experiencia no sirve de nada. Hay que ver qué cuentas saca él para elegir en qué momentos participar. Es verdad que hace diez años era deslumbrante a cada momento. A veces he pensado que a Román le convendría jugar menos minutos. Sin embargo, él necesita su tiempo, dentro del partido, para reflexionar y para encontrar la jugada justa. La puede encontrar en el primer minuto o a lo mejor la encuentra faltando segundos para terminar el partido. La pregunta es: ¿Riquelme sería lo mismo, futbolísticamente, si jugara solo treinta o cuarenta minutos?".

Jorge Bermúdez también analiza la relación entre la cantidad de minutos jugados, la preparación física y el rendimiento: "El Román que conocí era uno más del grupo, y tomó la dimensión que tuvo al llegar a la gloria haciendo la pretemporada y trabajando en cada momento. Estuvo físicamente al tono de la elite. En ese momento aprovechó sus virtudes con mayor fluidez, con mayor capacidad. Este Román de la última etapa, con muchos años más, es distinto a aquel, pero no es el único que se lesiona. No es el único que ha tenido problemas en lo físico. Es uno de los setenta problemas que tuvo Boca en la última etapa. Me animo a decir que si este último Boca no ha obtenido resultados deportivos es porque no ha podido mantener en cancha en más partidos a Riquelme. Esa es una deuda que no se puede perdonar. No es culpa de Román. Un jugador no entrena mal porque quiere. Ni se lesiona porque quiere. No creo que un jugador elija los partidos, sino que el trajín y la falta de juego del equipo empieza a confluir en contra de un jugador que debería tener otras herramientas a su favor y a su alrededor para seguir brillando".

Ariel Scher, por su parte, se enfoca en el conocimiento del juego de Riquelme: "Antes sabía mucho y ahora sabe más. Puede usar más conocimientos (porque es evidente que ve mucho fútbol y tiene la capacidad de incorporar nuevos conocimientos) pero a su vez tiene una producción física distinta a la de los veinte años. Hay cosas que resuelve con el saber, y modificando la geografía. Hay cosas en las que antes le daba lo mismo hacer tres pasos que uno, y ahora necesita hacer uno. Lo que te comunica es que sería muy difícil que en una cosa tan dinámica como el fútbol supiera todo esto, pero te da la sensación de que todo eso lo sabe".

Para José Basualdo, los últimos años de Riquelme en Boca han sido de gran aprendizaje, y le han permitido convertirse en una referencia para otros jugadores. Explica: "La diferencia que veo en todos estos años pasa por la experiencia adquirida y la inteligencia para asimilar todo lo que aprendió de otros jugadores. Eso lo adaptó a su estilo de juego, así como pudo haber explotado su personalidad de líder y su manera de transmitir su experiencia a otros jugadores jóvenes. Yo creo que en este momento, con la claridad con que juega y ve el fútbol, no hay otro igual en el mundo. Quizás Iniesta, o en su manera de cubrir la pelota puede ser Tevez, pero la simpleza y la visión de Román no la tiene nadie".

La entrenadora Mónica Santino subraya la vigencia, en el juego de Riquelme, de una de sus características centrales, que es la posibilidad de hacer mejores a sus compañeros. Dice: "Me parece que en los últimos partidos en que la rompió en Boca, aunque sea notorio que la condición física está un poco deteriorada, por lesiones y por el traqueteo de un jugador grande, la sensación es que él, todavía, hace jugar a cualquiera. La sensación es esa. Yo lo pararía en el medio y le pondría dos jugadores a correr, digamos, por afuera, y yo creo que Riquelme puede jugar hasta los cuarenta años tranquilamente, y rompiéndola".

30 de marzo de 2014. Boca y River se encuentran en la Bombonera. Juan Román Riquelme juega (y no lo sabe todavía) su último superclásico. El partido termina dos a uno

para el equipo visitante. Cuando Ramiro Funes Mori convierte el segundo gol, Riquelme ya no está en el campo. Ha sido reemplazado unos minutos antes. Ya ha manejado los tiempos del partido. Ya ha convertido, tal vez, uno de los mejores goles de tiro libre de su carrera. Ya ha logrado que algún hincha, en la tribuna popular, se abrace por primera vez a una persona que no conoce. Ya ha hecho que el mismo hincha llore en una cancha, también por primera vez.

Después del partido, el periodista Julián Scher escribió una nota cuyo título era "Sobra el tiro libre". Allí argumentaba: "Sobra el tiro libre para explicar por qué Riquelme fue el mejor jugador del Superclásico. Sobra el tiro libre porque, si no hubiera ocurrido esa obra de arte que terminó en el ángulo superior derecho de Barovero a los 22 minutos de la segunda parte, habría que estar diciendo lo mismo: Riquelme fue el mejor porque mostró que no hay mejor recurso para jugar al fútbol que jugar bien al fútbol. Y, en un fútbol que tantas veces aburre por lo opaco, en un fútbol que tantas veces cansa por la sobreabundancia de imprecisiones, Riquelme hizo lo que debería ser fácil de hacer: puso siempre la pelota contra el piso, se la dio a los compañeros la mayoría de las veces y, por lo general, en lo que suele ser su mayor virtud, eligió bien los tiempos y los espacios que demandan las jugadas".

Unos párrafos más adelante, Scher usó palabras que definieron, de algún modo, no solo ese partido, sino la suma de la carrera futbolera de Riquelme. La nota decía: "Además de la efectividad con la que Riquelme cargó sobre sus hombros el protagonismo, su sentido estético del juego estuvo también presente e iluminó los mejores momentos del encuentro. Pisadas, giros y gambetas, siempre entendiendo que la elegancia debe estar puesta en función de las necesidades colectivas y no ser un fin en sí mismo, lo fueron volviendo el eje indiscutido desde el que partieron las mejores acciones de la tarde".

El 27 de abril, Boca enfrentó a Arsenal por la fecha número dieciséis del Torneo Final. Podía ser uno de los dos últimos partidos de Riquelme en Boca. La sensación generalizada era que el club no tenía intenciones de renovar el contrato del número diez, pero de todos modos había encargado encuestas en los alrededores del estadio para cotejar sus intenciones con la opinión de la hinchada.

Cuando Alejandro Gómez, la voz del estadio de Boca, comenzó a enumerar la formación del equipo, la sensación era inequívoca. Se esperaba el momento en que el locutor nombrara al número diez. Una vez que Gómez mencionó a Nicolás Colazo, volante por izquierda, era el turno del capitán. El murmullo se convirtió en griterío. Los aplausos, en cantos hasta romper la garganta. La emoción, en lágrimas. Pero Alejandro Gómez no nombró al diez. Simplemente dejó que el estadio fuera el que recuperara el viejo canto popular: "Riqueeelme… Riqueeelme…". Y la formación se completó en los parlantes y el partido empezó y Riquelme jugó un partido brillante. "No hacía falta nombrarlo –dice Alejandro Gómez–. Antes de entrar al estadio, me había comido un sándwich, y por la calle estaba el periodista Leandro Aguilera. Los muchachos del puesto que vende bondiolitas le preguntaban cosas, y él contó que las encuestas estaban dando diez a uno a favor de la renovación del contrato de Riquelme. Con esa información, entré al estadio. Se decía que podía ser uno de los últimos partidos de Román en la Bombonera, y se sabía que el público iba a pedir por su continuidad. Entonces, estaba nombrando a los demás, y decidí no nombrarlo. ¿Cómo lo voy a nombrar? A veces los silencios dicen más que cualquier palabra".

Juan Román Riquelme jugó su último partido en Boca Juniors, ante Lanús, el 11 de mayo de 2014. Ese día, un estadio lleno lo celebró y lo abrazó y lo amó. Del mismo modo, Riquelme devolvió tanto afecto con un juego lleno de belleza, de compromiso con el balón, y con un puñado de jugadas lujosas que resultarán imborrables. Las geometrías de la cancha le pertenecieron. Pasó la pelota y la pidió como si fuera el último partido de su vida (y en parte lo fue). En los últimos minutos, hizo un caño sin tocar la pelota, solo con un amague, y un rato después, en su jugada final, dejó solo al delantero Claudio Riaño con un pase para coleccionar. Aunque la pelota no terminó en gol, y haciendo una burla a las estadísticas, puede decirse con toda justicia poética que la última jugada de Juan Román Riquelme con la camiseta de Boca fue una asistencia.

En Argentina hay un artista que ha influido en varias generaciones y que ha cambiado para siempre la poética de la denominada "cultura rock". Se trata de Indio Solari, que guió al grupo Patricio Rey y sus Redonditos de Ricota, y desde hace trece años tiene su propia banda, Los fundamentalistas del aire acondicionado. Los conciertos de Indio son multitudinarios. Cientos de miles de personas se movilizan para verlo y escucharlo en diversas ciudades del país.

Ese artista, que despierta tanta admiración entre tanta gente, admira él mismo, sobre todo, a una persona. Esa persona es Juan Román Riquelme.

En la última fecha del Torneo Apertura 2011, Boca se enfrentó a All Boys. El equipo ya había obtenido el título dos partidos antes. Riquelme no iba a jugar, pero estaba en el estadio con sus compañeros. Esa tarde fue la ocasión en la que Solari y Riquelme se conocieron personalmente y se abrazaron por primera vez.

Pablo Fuentes, entonces gerente de marketing de Boca Juniors, fue el encargado de la organización de la visita de Indio a la Bombonera. El artista no había estado nunca en el estadio. Por las dificultades que tiene para mostrarse en lugares públicos, en los que no encuentra calma dada su enorme notoriedad, Indio Solari no suele ir a espectáculos masivos. Pero, ante la invitación de Fuentes y la posibilidad de conocer a Riquelme, aceptó.

El diseño de la logística debía ser perfecto. Si alguien se enteraba de la presencia de Indio, la visita se cancelaba. La indicación de Pablo Fuentes a las pocas personas que iban a estar involucradas era precisa: "hay que actuar como si el Papa viniera a la cancha, pero sin que nadie pueda enterarse". Finalmente, Indio estuvo en la Bombonera, vio el partido (aunque se retiró unos minutos antes y no pudo ver el gol de Darío Cvitanich) y se sacó fotos con Riquelme en el palco. Con ellos estaba, feliz como nadie, Matías Capella, utilero de Boca, gran admirador de Solari y amigo del diez de Boca.

Unos días después, en una entrevista, Riquelme dijo: "el utilero es fanático y tiene un tatuaje de Indio en el pecho. Cuando lo vio se puso a llorar". Y luego se alegró por la admiración que el músico manifestó hacia él: "Me sorprende que una persona tan querida por la gente se acuerde de mí. Quedamos en ir a comer los tres, Indio, el utilero y yo".

Tres años después de aquel encuentro, Juan Román Riquelme ya no es jugador de Boca Juniors. Pero la admiración de Indio hacia él no termina, por supuesto. Y esa admiración se manifiesta en un puñado de frases inconfundibles. A continuación, se reproducen palabras del artista sobre el jugador que más veces jugó en cancha de Boca. Son palabras que no han sido publicadas antes, porque fueron escritas especialmente para este trabajo.

Estas son las palabras de Indio Solari:

Román ha sido, de todos los jugadores que vi, el que más me ha hecho disfrutar del fútbol. Sabe, de manera natural, cómo es el juego todo (cosa poco frecuente) y posee una técnica exquisita y elegante que le permite valorar esa ventaja. Su visión periférica le hace fácil elegir, en un instante, el mejor circuito para que su equipo saque provecho. Cuando se hace del balón lo protege con su cuerpo de manera casi invulnerable a la espera del mejor momento para burlar a sus marcadores.

Creo además (y esto sin tener acceso a la intimidad del vestuario) que es uno de los últimos jugadores que conducen su vida deportiva respetando códigos articulados por la honestidad y el respeto.

Podría seguir elogiándolo con gusto, pero me detengo aquí para no incomodar su pudor.

Gracias, Román.

INDIO

14

Un legado posible

Me producía un sentimiento de fatiga y de miedo percibir que todo aquel tiempo tan largo no solo había sido vivido, pensado, segregado por mí sin una sola interrupción, sentir que era mi vida, que era yo mismo, sino también que tenía que mantenerlo cada minuto amarrado a mí, que me sostenía, encaramado yo en su cima vertiginosa, que no podía moverme sin moverlo.
Marcel Proust

Alguien podría decir: yo les incito a conquistar el porvenir, como a un juego de niños, en la escuela, cuando todos los juegos se han agotado, y surge uno, desconocido y simple.
Raúl González Tuñón

El 5 de agosto de 2014, Vicente Del Bosque, entrenador de la Selección de España, escribió una nota para el diario *El País* cuyo título era "No deja un vacío, deja un legado". Uno de los párrafos decía: "Fue un experto en el manejo del juego a uno y dos toques. Pero cuando hubo que aguantar el balón también lo aguantó. Y cuando hubo que temporizar y estudiar los partidos fue un maestro. Los equipos se replegaban y él con paciencia siempre encontraba la solución. En diez minutos conocía perfectamente el rival que tenía enfrente. Era y es un líder". Y luego: "Su marcha deja un vacío importante pero su legado es más importante todavía. El mimetismo en su juego se ha transmitido a las siguientes generaciones. Por eso vendrán más jugadores. Hay una corriente que nos dice cómo debe jugar un equipo".

Ese mismo día, el periodista Ramón Besa escribió, bajo el título "El centrocampista por excelencia", un artículo en el que decía: "Es decisivo por lo que representa y sobre todo porque hace buenos a los demás (...). Simboliza el culto al juego y el amor a la pelota en un deporte de equipo cada vez más canibalizado por los egos de los delanteros y porteros, nada que ver con los centrocampistas".

Las dos notas fueron publicadas a propósito del anuncio de Xavi Hernández de su renuncia al seleccionado español. Pero podrían haber sido escritas dos o tres años después, o quién sabe cuándo. Y podrían haber referido a Juan Román Riquelme.

Si logra ganarle la apuesta a uno de sus hermanos, Riquelme jugará hasta los cuarenta años. Y un día, cuando él lo decida, no será más jugador de fútbol. Ese día, contradiciendo el título del texto de Del Bosque, dejará un legado, pero también un vacío.

La pregunta, entonces, es cuál es el legado que dejará Riquelme al fútbol cuando ya no entre en un campo de juego. Y cuál el vacío. Fernando Signorini dice: "El valor fundamental que deja es su profundo conocimiento del juego. Y, además, el hecho bastante extraño, aun en grandes jugadores, de que en las grandes citas él siempre fue un jugador importante. Él no es que juega bien los partidos menores. Es como esos caballos pura sangre que están esperando el premio Pellegrini para arrancar el pasto. Es uno de los últimos que queda con dignidad y coraje para enfrentar a ese monstruo tan temido que es el periodismo, sin que se le mueva un pelo. Y, a pesar de todo, él puede generar rechazos, pero hay algo que genera que lo logran muy pocos, que es el respeto. Hasta se ve en su propia manera de plantarse. Yo nunca lo vi a Riquelme ir a un programa de televisión y prestarse a hacer estupideces. Él es un jugador de una dignidad realmente emocionante. Sigue defendiendo a muerte esa posibilidad que tiene un chico, salido de un barrio pobre, con poquísimas posibilidades, de ascender hasta donde él ascendió, y sin embargo no hacerle el juego al sistema. Porque él sabe de la perversidad del sistema. Él sabe que el sistema, en cuanto él afloje un poco, lo va a usar". Y agrega: "Además es un tipo de un coraje increíble para hacer abstracción de los escenarios. Con Palmeiras le preguntaron si no temía al entorno, y dijo que él jugaba en los potreros, ¿qué miedo va a tener? Él va a jugar. Es uno de los últimos que defiende la esencia del juego, y el fútbol como juego, como hecho cultural. Él sabe que la motivación es decisiva. Si vas a jugar con un estadio lleno y de pronto te toca hacer una buena jugada, vas a buscar otra que sea mejor. Él domina muy bien eso. Hoy creo que es el último con esa mirada. El día que se vaya va a dejar un vacío muy difícil de llenar, no solo por el juego sino por la personalidad. Nunca se transformó en un numerito de circo para que los demás se rieran. Merece todo mi respeto y mi admiración".

Jorge Bermúdez, que lo disfrutó como compañero y sigue haciéndolo como comentarista en la televisión, reflexiona: "Tenemos que resistirnos a aquellos que quieren que se vaya, porque después de que se vaya no va a poder haber manera de volver a vivir los momentos que él regala al fútbol. Hay que seguir aprovechándolo porque la de Román es una manera de vivir, de interpretar el juego, que va a marcar un momento en la historia del fútbol argentino". Y luego define: "Un jugador como Román interpreta, transmite, representa el juego con claridad técnica, un juego de virtudes colectivas e individuales tremendas, una inteligencia de juego increíble, una interpretación única del juego colectivo. Román no solamente representa la pisada, el caño y aguantar la pelota de espalda entre dos rivales. Román representa el fútbol que cumple objetivos, que consigue títulos, que llega a finales y las gana, que se agranda ante la adversidad. Riquelme es una época. Una etapa. Una era. La era Riquelme. Ojalá lo sigamos disfrutando siempre".

Carlos Balcaza dice: "El legado principal de Román, si los chicos lo miran y le prestan atención, es entender que esto es un juego y que hay que disfrutarlo y tratar de divertirse. Hay que animarse a intentar siempre y a tener la personalidad que él tiene".

Mónica Santino también manifiesta cuál cree que será el legado que dejará Riquelme: "Lo más importante o lo prioritario es el amor por el fútbol. Las próximas generaciones van a ver en él a un profesional, un tipo que amó el fútbol por sobre casi todas las cosas. Me parece que eso es lo más grande. Pueden quedarte jugadas y goles en la cabeza (si sos hincha de Boca, muchísimo más), pero creo que como hinchas de fútbol nos quedaremos con su forma de entender el juego y con su amor por la pelota. Eso sí: cuando ya no juegue, nuestro fútbol deberá superar un duelo".

Para Pablo Aimar, Riquelme será siempre recordado como "un jugador de una clase enorme, que ha hecho cosas artísticas. Que ha emocionado con todo eso que tiene de difícil este juego. Porque en el fútbol se necesita de los compañeros y tratando de hacerlo con gente en contra, que es el rival. No quiero desmerecer a un cantante, a un compositor, a un pintor de cuadros ni a un escritor, pero ahí no jugás contra nadie. No lo digo para quitar mérito a esas actividades artísticas, pero en el fútbol es distinto. Román es alguien que ha hecho cosas maravillosas jugando al fútbol. Román es un artista. Es alguien que ha hecho del fútbol un arte. Algo lindo de ver, estético. Y deja un legado de que se puede ser competitivo, se puede ser ganador, y se puede respetar al rival".

Un día antes de debutar en la Primera B Nacional con Argentinos Juniors, Riquelme brindó una entrevista en el programa *Hablemos de fútbol*, y allí se le preguntó si estaba en sus planes ser entrenador una vez que haya dejado de jugar. Él respondió que no lo sabía. Y confesó que, durante los partidos, "le digo al cinco de ellos que si tiran el centro desde la derecha es gol porque el cuatro nuestro no cerró". Y concluyó: "No sé si me voy a dar cuenta de estas cosas fuera de la cancha".

Sobre ese tema, piensa Rodolfo Arruabarrena: "Es verdad lo que dice Román. No se sabe si como entrenador va a ver lo mismo desde afuera que desde adentro. Hay muchísimos casos de grandes jugadores que, al estar delante de un grupo, no logran hacerse comprender. Es difícil. Cuando uno es entrenador, delante hay treinta personas que están analizando, que están viendo si tartamudeás, si decís una cosa, si decís la otra. No por jugar veinte años al fútbol podés hacerlo. Yo a Román lo veo, sí, como un gran maestro que podría venir muy bien a chicos de divisiones inferiores. Román se va a dar cuenta solo, cuando se retire, de qué ganas tiene de ser director técnico". Diego Markic, ayudante de campo de Arruabarrena, dice: "Yo creo que lo que él ve desde adentro, desde afuera también lo va a ver. El tema es que ser entrenador no es solo entender, sino saber transmitir. Y hay que ver si tendrá ganas. Vos te ponés a hablar de fútbol con él y entiende perfectamente lo que pasa en el juego, aunque él mire desde fuera. Es muy bueno hablar de fútbol con él porque entiende y conoce mucho".

Para Antonio García Ameijenda, "cuando Riquelme no juegue más, los que siempre hablan mal de él lo van a recordar, porque no lo van a ver más. Un jugador así es difícil que se repita. Como Maradona, como Cruyff. El legado que deja es impresionante. De los últimos veinte años, es el mejor. Con un cerebro único. Y en la posición en la que juega, en la conducción. Es muy difícil conducir un equipo, porque hay que manejar diez jugadores dentro de la cancha. No es que estás manejando al *wing* y nada más. Él juega con todos. Y sabe a quién se la tiene que dar y en qué momento. Él ayuda a los compañeros a ubicarse en la cancha. Hay que tener mucha capacidad para hacer eso. Mucha inteligencia.

Pienso que podría ser un gran técnico. Un técnico de los de antes, de esos que hablaban poco. Los técnicos de antes decían muy pocas cosas".

En mayo de 2014, Carlos Bianchi, entonces entrenador de Boca, fue consultado sobre si imaginaba a Riquelme dirigiendo técnicamente luego de retirarse. Bianchi respondió: "Román juega en un puesto muy táctico, en el que no puede esperar a tener la pelota en los pies para pensar lo que va a hacer. Ya lo tiene premeditado. Y es una cualidad muy importante para ser técnico. Aparte es un ganador, y sus equipos tendrían su misma mentalidad. Si lo será o no, dependerá de sus ganas".

Ricardo Enrique Bochini, el *Bocha*, se retiró del fútbol en 1991. En ese momento, era difícil imaginar que parte de su legado sería recuperado por un chico que entonces solo tenía trece años. Pero, en parte, así fue. El chico creció, y cinco años después del retiro de Bochini debutó en Primera División. Y jugó un partido increíble. Y dio una asistencia mágica. Y nunca más dejó de jugar de ese modo. Ahora, Bochini analiza cuál será el legado que deje Juan Román Riquelme cuando ya no juegue: "Cuando dejás de jugar, la gente lo sigue reconociendo a uno por lo que hizo dentro de una cancha. Para los pibes más jóvenes, por lo menos para el puesto nuestro, el legado que deja Riquelme es que se tiene que jugar de esa manera. Como juega él. Es un fútbol que no es solo vistoso, sino que también es positivo porque te hace ganar campeonatos, te hace ganar preponderancia en el fútbol, y te hace ser ídolo como fui yo en Independiente o es Riquelme en Boca. Muchos piensan que a lo mejor eso es fácil, pero no, no es nada fácil. Hay que estar muy bien preparado".

Martín Kohan coincide con Bochini en cuanto a la preparación, pero ofrece sus reparos: "A diferencia de otros, tenés que tener condiciones técnicas para seguir el legado de Riquelme. Hay legados más fáciles de recuperar. Por ejemplo, el legado de Hugo Gatti. Después vinieron Navarro Montoya o el *Mono* Burgos. Una vez que un arquero entiende cómo cambia tu eficacia si jugás dos pasos más adelante, sabés qué riesgos corrés y qué ventajas tenés. Era un legado fácil de tomar. En Riquelme, sin su genio técnico, y sin su genio táctico, no es fácil".

Mauro Navas reflexiona que, cuando Riquelme deje de jugar, "se van a perder los espejos. Eso es muy importante. Jugadores como él iluminan a los más chicos, y crean espejos donde poder verse". Rodolfo Arruabarrena comenta: "El legado que deja a los chicos es que las cosas son simples. El fútbol lo hacen difícil los entrenadores, los jugadores, los periodistas, pero es simple. Y lo más difícil es hacer las cosas simples. Y creo que Román, en ese sentido, ha demostrado a lo largo de su carrera ser un jugador que si bien es exquisito y tiene mucha técnica, no se preocupa tanto por el entorno. Cuando entra a la cancha trata de disfrutar, de ganar, y punto. Y hoy en día la gran mayoría está pensando en lo que dirán, en el entorno, y eso quita atención a lo que es el juego".

Fernando Signorini aporta otra reflexión: "No sé si con el paso de los años habrá espacio para jugadores como él, que sean capaces de salir a la cancha y dentro de la cancha decidir qué es lo mejor para él y para el equipo. No creo.

Cuando se va apagando el fuego de ese tipo de hogueras, que iluminan el mundo del fútbol, a mí me da cierto sentido de tristeza, de nostalgia, porque sé que cada vez el rebelde tiene menos lugar, porque atenta contra el sistema en el que todos debemos vivir".

Para Rubén Capria, "Román deja el cariño por la pelota, que es lo más preciado del juego. La pelota siempre la tiene él porque siempre quiere volver a él, por el trato que le da. Si supiéramos, como familia del fútbol, leerlo mejor, tendríamos muchos más jugadores similares a él. Y a veces alguno dice que los clubes están por encima de los jugadores, pero no. A los clubes los alimentan estos jugadores. Las historias de los clubes están alimentadas por esta clase de jugadores. Riquelme alimentó mucho la historia de Boca. No es que está el club y después no hay nada. Hay que valorar lo que han sido. Yo quisiera que Román nunca dejara de jugar a la pelota, porque es un mojón en nuestro fútbol. Para mí entra en la galería de los grandes fenómenos de la historia. ¿Cómo dejás ese legado? Eso depende de quién lo recoge".

Riquelme se ocupa de dejar en claro quién recoge su legado. Lo hace con palabras que podrían haber dicho, sobre él mismo, Ricardo Bochini, o Zinedine Zidane. Pero las dice Riquelme, en 2011, en una entrevista para el sitio de FIFA: "el que mejor juega a este juego es Iniesta: sabe cuándo hay que ir para adelante, cuándo hay que ir para atrás. Si tiene la pelota por izquierda, sabe quién está en la derecha. Sabe todo lo que hay que hacer. Cuándo tiene que gambetear, cuándo tiene que ir más rápido, más lento. Y pienso que eso es lo único que no se puede comprar ni aprender. Uno puede aprender a patear, a controlar la pelota, pero a saber todo lo que pasa en la cancha, no. Con eso se nace".

Y entonces Juan Román Riquelme nace y vuelve a nacer y sabe todo, y la pelota.

242

Epílogo a la segunda edición

En "Una autobiografía poética", un hermoso texto del libro *Cuando nunca perdíamos*, en el que quince autores escriben sobre el Fútbol Club Barcelona, el español Juan Bonilla cuenta su vida a partir de la relación con el equipo del que es hincha. Lo hace como homenaje a la idea del escritor ruso Vladimir Nabokov de que la vida de las personas puede narrarse eligiendo un detalle que se repite a lo largo de los años.

Del mismo modo puede narrarse la vida de los hinchas de cualquier otro equipo de fútbol. Los pequeños detalles, las supuestas casualidades, los datos aparentemente irrelevantes son los que pueden ayudar a construir una historia posible. La memoria de los hinchas de fútbol no es nada selectiva, sino más bien acumulativa. Por eso recordamos formaciones enteras de equipos de hace décadas, apellidos gloriosos pero efímeros, fechas, lugares, circunstancias climáticas, gritos de gol. Porque la condición de hinchas de fútbol nos permite acumular información que para los herejes no es más que un casillero ocupado sin sentido.

Para los que están ajenos a la vida futbolera, el sentimiento por un equipo, la locura por una pelota, la amargura por una derrota, son todas sensaciones menores, si se las compara con las *cosas importantes de la vida*. Y es verdad, el fútbol no es más importante que muchas cosas que nos pasan, sencillamente porque el fútbol y la vida están en planos diferentes. En la vida, las felicidades son más bien efímeras, y solo se renuevan con otras felicidades. El recuerdo de un hecho feliz no asegura felicidad, sino que, en todo caso, nos provoca a veces una tibia nostalgia.

En la vida, las tristezas profundas son siempre tristezas. Cuando perdemos a alguien, por ejemplo, la vida sigue, pero la tristeza va y vuelve. Y vuelve.

En el fútbol, en cambio, tristezas y felicidades comparten la paradoja de ser, al mismo tiempo, efímeras y eternas. Efímeras porque, cuatro días después de perder un partido, ya existe la posibilidad de jugar de nuevo. Y, si ganamos, la derrota anterior puede superarse. O podemos embroncarnos si perdemos, aunque una semana atrás hayamos ganado un partido por goleada.

Pero puede pasarnos, muchos años después de una final perdida, que nos quedemos con la mirada fija en una pared cualquiera, y se nos escape una lágrima por lo que pudo haber sido pero no fue. O que lloremos de emoción al recordar el gol que nos hizo ganar un campeonato. Aunque entonces fuéramos niños y ahora seamos adultos. Por eso es que las felicidades y tristezas del fútbol son, también, para siempre.

Sin embargo, el fútbol es un juego. Solo eso. Con toda la seriedad y la complejidad que tiene el concepto. Un juego. Dentro de él, hay jugadores buenos, muy buenos, o malos y muy malos. Pero también están aquellos que exceden todo tipo de clasificaciones.

Son los que entienden el juego dentro y fuera de la cancha.

Los que pueden lucirse mientras hacen que sus compañeros sean mejores.

Los que respetan a los rivales en todo momento, aunque quieran ganar siempre. Pero ganar siempre no significa, para ellos, querer ganar de cualquier modo.

Son los jugadores que logran que podamos disfrutar de jugadas en apariencia intrascendentes.

Los que convierten al fútbol en un espectáculo bello, con lo difícil que resulta eso algunas veces.

De esos jugadores hay pocos. Y uno de ellos, uno único entre todos los demás, es, para siempre, leyenda.

Y pasarán los años y habrá un abuelo que le dirá a su nieto:

Querido, te puedo contar mi vida a partir de lo que él hizo dentro de una cancha.

Sé dónde estaba yo el día que debutó en Boca. O el día que metió su primer gol. O cuando jugó su primer superclásico. O cuando metió un caño inolvidable en Rosario. O aquella noche en la que hizo el caño más bello del mundo. O el día que bailó a todo el Real Madrid. O cuando Palmeiras lo vio hacer magia en su propio estadio. Sé lo que estaba haciendo cuando él mordía una cadenita durante una definición por penales. Me veo mirándolo por televisión el día que inventó el Topo Gigio. O cuando hizo su primer gol con la camiseta de Barcelona. O cuando empezó a usar el número ocho de una camiseta amarilla. O el día que le hizo un golazo a Brasil en cancha de River. Recuerdo con detalle qué pasaba en mi vida cuando erró un penal en las semifinales de la Liga de Campeones de Europa. O el día que Zidane se retiró del fútbol y le regaló la camiseta a él. O cuando salió del campo quince minutos antes de terminar un partido con Alemania por el Mundial. O cuando hizo un golazo en Paraguay, estando desgarrado. O cómo canté en el Obelisco el día que hizo dos goles en la final de copa frente a Gremio. Sé a qué hora me levanté para verlo por televisión el día que ganó una medalla de oro olímpica. Recuerdo el día que hizo dos goles en cancha de Racing, en una semifinal de Copa Libertadores. O la tarde en que festejó una asistencia. O el día en que Unión Española, en Chile, quedó a sus pies. O cuando perdió por primera vez una final de Copa Libertadores, y después habló con lágrimas en los ojos. O cuando puso la pelota en el ángulo en un clásico que después perdimos. Recuerdo, por supuesto, su último partido en Boca, en el que jugó como un dios. Ese día metió un caño sin tocar la pelota. Me acuerdo del día que debutó, a los treinta y seis años y con un gol, en Argentinos Juniors.

Sí, querido, claro. Yo lo vi jugar a Riquelme.

Agradecimientos

A Román.

A Nicolás, que tantas veces lloró de emoción por un jugador de fútbol.

A Julio Leiva, que ilumina el camino siempre.

A Andrés Mego, por la confianza y el apoyo.

A Ariel Scher, Ezequiel Scher y Julián Scher, por la enorme generosidad que los une y los distingue.

A Martín Dolina y Ale Dolina, por inspirar algunas ideas de este libro, y por las charlas compartidas en plena madrugada.

A las personas que fueron generosas para abrir paso a otras personas: Cecilia Boullosa, Esteban D'Aranno, Gerardo Delelisi, Martín De Rose, César Francis, María José López, Alejandro Masas, Stephany Villate.

A Álvaro Crosa, Pablo Fuentes, María Iribarren, Ezequiel Martínez y Christian Mera, que hicieron todo lo posible.

A Cristian Bustos, después de tantos años.

A Paola Adler, por las lecturas.

A Marcelo Neira, por su arte y su amistad.

A Carlos Bianchi, Jorge Valdano y Juan Villoro.

A Marcos López, por todo.

A Sofa.

A Indio y Julio, infinitamente.

A Aurora, siempre.

A Carlos, por ese 16 de julio de 1989 en cancha de Juventud Unida. Ahí empezó todo.

A Silvina, por entender el significado de aquel 11 de mayo.

A Betty, que tantas veces vio a sus hijos llorar por un partido de fútbol.

Índice

Esperamos que este libro
haya sido de su agrado.
Para información o comentarios,
contáctenos en la dirección
que aparece debajo.

Muchas gracias.

www.hojasdelsur.com